MEMORIE E VISIONI | MEMORIES AND VISIONS

LE "TERRE D'ACQUA" NELLE STAGIONI DEL RISO | THE "WETLANDS" IN THE TIMES OF RICE

Dipinti di / Paintings by
Nado Canuti

Fotografie di / Photographs by
Ernani Orcorte

a cura di / curated by
Sandro Parmiggiani

STUDIO COPERNICO

Edizioni Polistampa

MEMORIE E VISIONI

LE "TERRE D'ACQUA" NELLE STAGIONI DEL RISO

NADO CANUTI, DIPINTI
ERNANI ORCORTE, FOTOGRAFIE

2-24 ottobre 2021
Ex chiesa di Santa Chiara - Corso Libertà 300, Vercelli

Mostra a cura di
Sandro Parmiggiani

Realizzata da
Nicola Loi

STUDIO COPERNICO
MILANO

In collaborazione con

AREA\B MILANO

Coordinamento
Flavio Dario e Tiziana Loi

© 2021 Studio Copernico
www.studiocopernico.com

www.polistampa.com

© 2021 Leonardo Libri srl
Via Livorno, 8/32 - 50142 Firenze - Tel. 055 73787
info@leonardolibri.com - www.leonardolibri.com

ISBN 978-88-596-2210-9

Racconti
Massimo Canuti

Traduzioni
Aelmuire Helen Cleary

Progetto grafico e impaginazione
Leonardo Libri, Firenze

Stampa
Polistampa Firenze

Si ringraziano
Paolo Carrà, Gianlorenzo Mezza, Claudio Cirio, Luigi Tamborini,
Giuseppe Caresana, Cristina Guidobono Cavalchini,
Marta Concina, Diana Piazza, Maria Libera Amato,
Paolo Pasquali e tutti coloro che anonimamente hanno
collaborato per rendere possibile l'evento.
Un ringraziamento particolare a Margherita Crosio,
Paoletta Picco, Daniele De Luca e Fabrizio Tabacchi.

SOMMARIO
SUMMARY

La mostra pone in collegamento la principale attività del nostro territorio con il luogo maggiormente rappresentativo per la comunità vercellese, l'abbazia di sant'Andrea, e per l'arte contemporanea sul territorio, la chiesa di San Vittore. I luoghi sono un segno importante della fede ed una testimonianza della grande dignità dell'uomo, della sua intelligenza, della sua capacità artistica e di cura della terra che a lui è stata affidata.

Questi edifici, soprattutto quando trasudano della preghiera e della supplica di molti uomini, sono vie privilegiate per accostarsi a Dio.

Il richiamo delle nostre radici sarà forte in questi luoghi identitari della comunità. Comunità come humus fruttuoso, modello di comportamento per l'agricoltura sostenibile, che ha conseguenze favorevoli non solo per il settore primario, ma anche per la salvaguardia dell'ambiente, come sottolinea Papa Francesco: "Noi non siamo Dio. La terra ci precede e ci è stata data. È importante leggere i testi biblici nel loro contesto e ricordare che essi ci invitano a coltivare e custodire il giardino del mondo".

† Marco Arnolfo
Arcivescovo di Vercelli

The exhibition creates a link between the principal activity of our territory and the most representative site for the community of Vercelli, the Abbey of Sant'Andrea, and the principal local venue for contemporary art, the former church of San Vittore. These places are an important sign of faith and bear witness to the great dignity of man, to his intelligence, his artistic skill and his ability to care for the land entrusted to him.

These buildings, especially when they exude the prayers and supplications of many people, constitute special channels for approaching God.

The call of our roots will be strong in these identity sites of our community. Community like a fruitful humus, a model of conduct for sustainable agriculture, which has favourable repercussions, not only on the primary sector but also on the protection of the environment. As Pope Francis emphasises: "We are not God. The earth was here before us and it has been given to us... The biblical texts are to be read in their context, with an appropriate hermeneutic, recognizing that they tell us to 'till and keep' the garden of the world."

† Marco Arnolfo
Archbishop of Vercelli

La mostra fotografica propone un percorso che attraversa vari stadi dell'esperienza sensoriale, un cammino nella natura intrinseca del territorio vercellese. Grazie ad attimi di vita catturati dalla sapiente esperienza dell'artista, possiamo apprezzare al meglio la cultura del nostro territorio.

Vercelli, da sempre città sensibile e attenta agli aspetti concreti e immateriali del saper vivere, è fiera di ospitare una mostra dove l'arte è vista e vissuta non come un artefatto immobile nel tempo, ma come un percorso di conoscenza di tecniche, punti di vista, competenze, abilità, metodo ed esperienze.

Il percorso composto da differenti apporti artistici temporali rappresenta una sorta di invito ad un futuro più puro e semplice, una specie di lettura semplificata del presente, che al posto di essere esposta come *consequentia* di eventi fini a sé stessi, mira ad indurre una riflessione sensibile sulla bellezza e la peculiarità della nostra terra.

Andrea Corsaro
Sindaco di Vercelli

The photography exhibition offers an itinerary that traverses various stages of sensory experience, a stroll through the intrinsic natural world of the Vercelli area. The instants of life captured through the artist's skilled experience allow us to better appreciate the culture of our territory.

Vercelli has always been a city sensitive and attentive to the tangible and intangible aspects of knowing how to live. It is therefore proud to host an exhibition in which art is seen and experienced, not as an artefact that is immobile in time, but rather as a process of knowledge of techniques, perspectives, competencies, skills, methods and experiences.

The itinerary, composed of artistic contributions of differing chronology, represents a species of invitation to a purer and simpler future, a simplified reading of the present which – instead of being expressed as the consequence of events that are an end in themselves – aims to inspire a sensitive reflection on the beauty and specificity of our land.

Andrea Corsaro
Mayor of Vercelli

MATERIMA
UN SOGNO

Nicola Loi

Tutto nacque da una visione poetica. Ero consapevole come, senza neppure accorgercene, ci fossimo allontanati dai ritmi, dagli odori, dai sapori della natura; come la terra non fosse più coltivata con amore, e con il necessario succedersi delle colture, ma sfruttata all'inverosimile, affogata nella chimica che poteva oggi sì liberarla efficacemente dagli insetti nocivi ma offriva ortaggi e frutti inodori, insapori.

Friedrich Hölderlin parlava di "abitare poeticamente la terra"; cos'altro se non un invito esplicito a vedere ogni realtà (persone, animali, oggetti) non come mezzi, come strumenti per raggiungere *un* fine, ma essi stessi *il* fine... L'universo tutto – dirà Copernico – è un "bellissimo tempio". Quello che mi si parò innanzi fu la "sacralità" della terra, che ospita, con pari generosità, uomini e donne, animali e piante, distese infinite di sabbia, oceani, campi coltivati con le piantine di riso in crescita.

Pensai alle mondine di *Riso amaro,* con l'indimenticabile Silvana Mangano – come non ricordarle? – con i loro ampi cappelli, le gambe immerse nell'acqua limacciosa, che intonavano canti che erano preghiere, convivenza, condivisione, solidarietà. Lo stesso campo allagato, agli occhi curiosi dell'*artista,* appariva ora un deserto di sabbia, ora un vasto mare dove gli esili germogli sono onde, ora una sala da concerto i cui orchestrali, all'imbrunire, sono le rane gracidanti che le donne, con bastoni che reggevano uno spago, cercavano di pescare per arricchire la mensa familiare.

MATERIMA
A DREAM

Nicola Loi

It all began with a poetic vision. I was aware – without even realising it – that we had distanced ourselves from the rhythms, the smells and the flavours of nature. That the land was no longer cultivated with love, and with the necessary succession of crops, but exploited to the extreme, drowned in the chemicals that, undoubtedly, effectively freed it from the harmful insects, but also yielded fruit and vegetables that had no fragrance, no taste.

Friedrich Hölderlin spoke of how "poetically dwells/Man on this earth", and what is this if not an explicit invitation to see all reality – people, animals, objects – not as means or tools to achieve *an* end, but they themselves as *the* end? Copernicus referred to the entire universe as a "most beautiful temple". What appeared before me was the sacrality of the earth, which houses with equal generosity, men and women, plants and animals, infinite reaches of sand, oceans, and fields cultivated with growing rice plants.

I thought of the *mondine,* the seasonal female rice workers in *Bitter Rice,* with the unforgettable Silvana Mangano. How could one not remember them? With their broad-brimmed hats and their legs immersed in the muddy water, singing songs that were at once prayers, coexistence, sharing and solidarity. The flooded field itself appeared to the curious eyes of the *artist,* now like a desert of sand, now like a vast sea with the delicate shoots as waves, now like a concert hall where, as dusk falls, the players are the croaking

Materia sonante ("Sciur padrun da li beli braghi bianchi/ fora li palanchi/fora li palanchi...") si tramuta in Spirito (canto e pesca delle rane avvicinavano ancora le lavoratrici una all'altra); non più opposti termini statici di un'antitesi immobile, bensì momenti magici di un unico movimento, di un unico processo: vivere la propria vita, vivere il proprio tempo.

Il passo successivo? Forse proprio per questa atmosfera incontrata casualmente, nel rispetto assoluto della natura ma anche delle modernissime macchine che nelle risaie hanno preso il posto dei salariati e delle mondine di *Riso amaro*, ho provato a coniugare, coraggiosamente, in un unico sito, spirito e materia, facendo di questi luoghi "un bellissimo tempio".

A questa terra, apparsa la prima volta negli anni Settanta e ancora riproposta dal fato negli anni Ottanta, al Borgo di Casalbeltrame, al Ginko Biloba della Villa allora "quasi in vendita" dal Conte Bracorens de Savoiroux con il pretesto di comprare delle stalle da adibire a magazzino, ho legato il mio futuro.

Ho immaginato come una porzione di quella feconda terra che ospitava e ospita campi ondeggianti di riso, ed in cui risuona ancora il canto delle donne che vi lavoravano, potesse essere dedicata ad un Centro culturale destinato prevalentemente a scultori, dove artigiani e collaboratori aiutino gli artisti a realizzare i loro progetti, testimonianza viva di quanto mirabilmente lo Spirito "contamina" la Materia e la rende, per ciò stesso, Spirito. Negli spazi che ho apprestato: sculture, quadri, disegni di artisti affermati ed emergenti. Questo è lo spirito di "Materima".

Uno Spirito – stiamo attenti – che ritorna poi Materia quando, in quegli stessi luoghi, nell'assoluto rispetto delle origini, il chicco di riso cresce in qualità, raggiunge la sua originaria consistenza, racchiude la fatica di chi ha saputo

frogs that the women tried to fish using sticks with string attached to eke out the family diet.

Sound matter ("Sciur padrun da li beli braghi bianchi/ fora li palanchi/ fora li palanchi...", a popular song sung by the *mondine* urging the white-trousered boss to pay their wages) is transmuted into Spirit: the singing and frog-fishing brought the workers together again. No longer opposing static terms of an immobile antithesis, but magical moments of a single movement, a single process: living one's own life, living one's own time.

So, the next step? Perhaps precisely because of this casually-encountered atmosphere, in total respect for nature but also for the ultra-modern machines that have taken over in the paddies from the workers and the seasonal *mondine* of *Bitter Rice*, I have tried, courageously, to bring matter and spirit together in a single site, transforming these places into a "most beautiful temple".

I have bound my future to this land, which appeared before me for the first time in the 1970s, and was proposed again by fate in the 80s, in the town of Casalbeltrame, with the Ginkgo Biloba of the Villa, at the time "almost for sale" by Count Bracorens de Savoiroux, on the pretext of buying stables to use as a warehouse.

I imagined how a portion of this fertile land that hosted and still hosts swaying fields of rice, and where the song of the women who worked there still echoes, could be devoted to a cultural centre destined primarily to sculptors, where craftsmen and assistants helped the artists to realise their projects. It was to be a living testimony of how wonderfully Spirit contaminates Matter, rendering it *ipso facto* Spirit. In the areas that I prepared are sculptures, paintings and drawings by famous and up-and-coming artists. This is the spirit of "Materima".

A Spirit – let's be clear – that then returns to Matter

negli anni, nei secoli, trasformarlo in prodotto alimentare d'eccellenza. È la terra che ritorna ad essere coltivata con amore così che oggi, a Casalbeltrame, i suoi "frutti" riprendono l'antico sapore.

Non dovrebbe pertanto destare meraviglia se le due fonti di amore universale – quello per la creatività artistica, quello per le infinite potenzialità che possono scaturire da chi, oggi come ieri, semina per poi raccogliere – si possano manifestare oggi a Casalbeltrame – grazie al lavoro di chi ha creduto in questo progetto – in una così stretta, magica, vicinanza.

when, in these same places, in absolute respect for its origins, the grain of rice grows in quality, reaches its original consistency, encapsulating the fatigue of all those who, over the years and the centuries, have succeeded in transforming it into a foodstuff of excellence. The land is once again being cultivated with love so that today, in Casalbeltrame, its "fruits" express their ancient flavour once again.

It should come as no surprise, therefore, if the two springs of universal love – that of artistic creativity and that of the infinite potential that can be sparked by those who, yesterday as now, sow that they may reap – can now be displayed at Casalbeltrame yoked in such close and magical way, thanks to the work of all those who believed in this project.

P. 8. Cosetta Storci Incerti mostra due immagini storiche di mondine. Foto di Gigi Montali.

P. 8. Cosetta Storci Incerti displays two historic images of *mondine*. Photo by Gigi Montali.

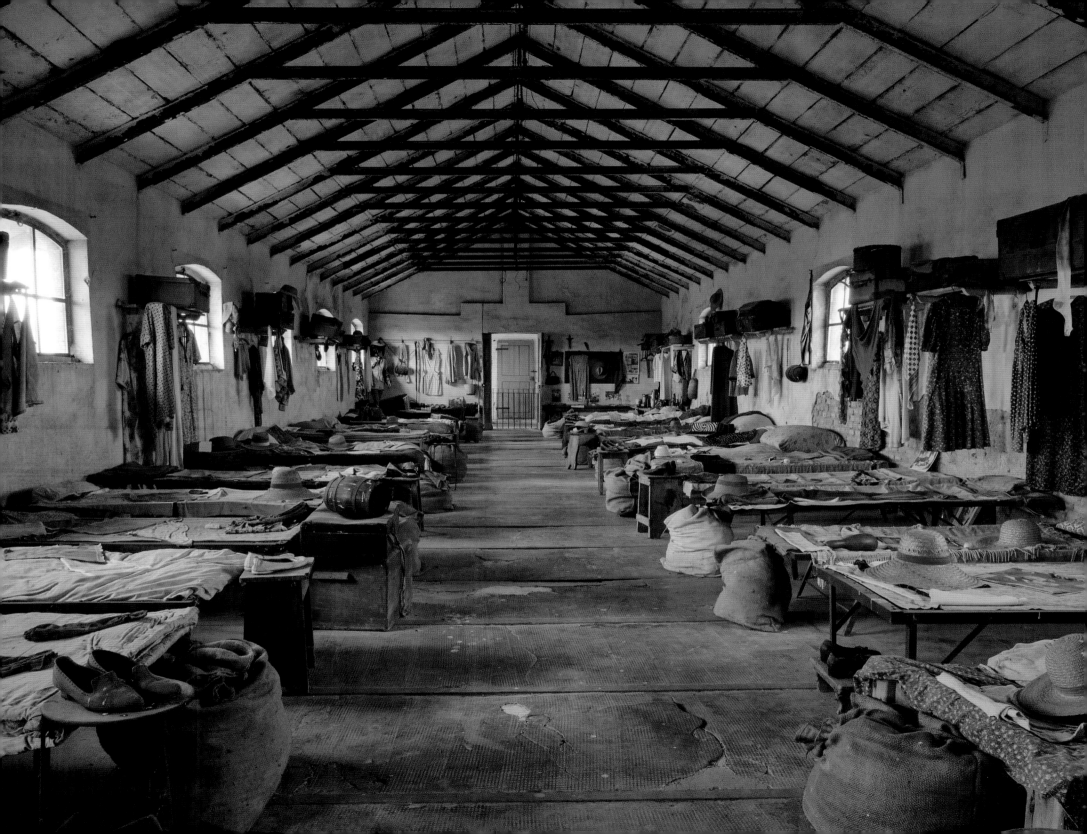

MEMORIE E VISIONI DALLE "TERRE D'ACQUA"

Sandro Parmiggiani

I viandante che, all'alba o al crepuscolo, o in una notte d'estate immersa nel chiarore della luna – momenti tutti propizi alla solitudine che ovunque s'insinua, mentre i pensieri sorgono e si dipanano, e lo sguardo naturalmente si spinge nella lontananza, magari aiutato dal sopraelevarsi della via – percorresse le strette strade che solcano, in queste "terre del riso" tra Novara e Vercelli, le distese d'acqua che quasi assediano il cammino – con la sommità delle pianticelle che spuntano, dentro il brillio e le increspature provocate dalla brezza e dal lento fluire dell'acqua stessa – potrebbe sentirsi catapultato in un tempo antico. Anche se di quelle passate visioni non detenesse nell'intimo, per una qualche ignota ragione, una segreta memoria – magari insinuatasi attraverso il misterioso retaggio di una figura particolare, i "camminanti", i vagabondi che, nel cuore del Novecento, percorrevano anche questo territorio –, è vero che queste "terre d'acqua" hanno assunto il volto attuale già qualche secolo fa, segnato da un'organizzazione colturale e dalle regole che vi presiedono, che ne hanno fatto uno dei paesaggi agrari che meno è mutato nel tempo lungo degli ultimi secoli. Non fu, tuttavia, sempre così: boschi e alberi furono abbattuti, dislivelli spianati, affinché fosse possibile, dal Seicento, la monocoltura del riso. Sebastiano Vassalli, che in queste terre aveva scelto di insediare la propria "casa della vita" – utilizziamo il termine caro a Mario Praz… –, nell'antica dimora parrocchiale di

MEMORIES AND VISIONS FROM THE "WETLANDS"

Sandro Parmiggiani

In the "ricelands" between Novara and Vercelli, the wayfarer who travels the narrow roads that furrow the stretches of water and almost beleaguer his path – with the tips of the young plants emerging amidst the sparkle and the ripples caused by the wind and the slow flowing of the water itself – might feel that he had been catapulted into a bygone age. Dawn or twilight, or a summer night bathed in moonlight, all such moments favour the solitude that nestles everywhere, while thoughts arise and spread and the gaze naturally stretches into the distance, possibly aided by the raised roadway. The sensation holds even if the traveller, for some unknown reason, bears within him no secret memory of such past visions – possibly insinuated through the mysterious legacy of the particular figure of the *camminanti*, the wanderers who travelled this territory too in the heart of the twentieth century. The fact is that these "wetlands" assumed their present appearance several hundred years ago as a result of the organisation of the crops and the rules governing them, making it one of the agricultural landscapes that has least changed its appearance over the last centuries. Nevertheless, it wasn't always like that. Forests and trees were cut down and hills and valleys levelled to enable the monoculture of rice from the seventeenth century. Sebastiano Vassalli chose to set up here his own "house of life" – to borrow the term dear to Mario Praz – in the ancient manse turned farmhouse in Marangano di Biandrate. Gazing

una cascina a Marangano di Biandrate, cercava di immaginare, guardando il paesaggio che vedeva dalla finestra del suo studio, "come fosse la campagna novarese prima della coltivazione del riso". E ragionava: "Perché la regione in cui viviamo è una delle più modificate dall'opera dell'uomo che esistano. Anche 5 o 6 secoli fa la campagna novarese era completamente diversa da com'è adesso. La pianura era ondulata... la coltivazione del riso è passata come un rullo compressore sopra quel paesaggio, cancellandolo e spianandolo"[1]. "Il paesaggio delle risaie è come l'hanno modellato secoli di lavoro umano", concludeva Vassalli, che nell'universo della risaia aveva ambientato il suo memorabile romanzo storico *La chimera*, nel quale vengono tra l'altro descritte le tristi e dure condizioni dei "risaroli" all'inizio del Seicento, e i caratteri del paesaggio della risaia: "una laguna abbagliante nel riverbero del sole, suddivisa in una serie innumerevole di scomparti a forma di quadrato, di triangolo, di trapezio, di rombo"[2] – c'è chi, a questo proposito, ha parlato di "mare a quadretti". Per coltivare il riso è infatti essenziale la disponibilità di acqua, portata in queste terre attraverso canali (soprattutto il Canale Cavour, costruito nel 1863 in soli tre anni), che ve la conducono, soprattutto dal Po e dal Lago Maggiore, e poi la distribuiscono nelle risaie, i cui scomparti, intercomunicanti tra di loro e posti a diverse altezze del terreno, ne consentono il continuo deflusso. L'ecosistema del tutto peculiare che si è venuto così a creare ha favorito l'insediamento di aironi, ibis sacri, garzette e rane (anche se meno numerose di un tempo) che vi trovano il loro nutrimento: larve e insetti.

at the landscape that he saw from the window of his studio, he tried to imagine "what the Novara countryside was like before the cultivation of rice". Vassalli pondered on how "the region we live in is one of those most altered by the work of man that exists. Even five or six centuries ago the Novara countryside was completely different from what it is now. The plain was undulating . . . the cultivation of rice has passed like a steamroller over that landscape, flattening it and obliterating it. . .", concluding that "The landscape of the rice paddies is how it has been modelled by centuries of human work".[1] It was in the universe of the paddy field that Vassalli set his memorable historical novel *The Chimera*, in which, among other things, he describes the miserable and harsh conditions of the *risaroli*, or rice workers, at the beginning of the seventeenth century and the features of the paddy landscape: "a lagoon glittering with the reflection of the sun, divided into an innumerable series of compartments in the shape of squares, triangles, diamonds and trapezia",[2] an effect that has also been referred to as a "chequered sea". The availability of water is essential for rice growing, and it is carried to this area, mostly from the Po and Lake Maggiore, through canals (especially the Cavour Canal, built in just three years starting in 1863), and then distributed to the paddies, where the intercommunicating compartments are set at different heights above the ground to ensure a continuous outflow. The very peculiar ecosystem thus created has favoured the settlement of herons, sacred ibis, little egrets and frogs (although the frogs are less numerous than in the past) that are able to feed there on larvae and insects. The

[1] Sebastiano Vassalli, *Terra d'acque: Novara, la pianura, il riso*, presentazione di Roberto Cicala, Interlinea, Novara 2005.
[2] Sebastiano Vassalli, *La chimera*, Einaudi, Torino 1990.

[1] Sebastiano Vassalli, *Terra d'acque: Novara, la pianura, il riso*, with introduction by Roberto Cicala, Interlinea, Novara 2005.
[2] Sebastiano Vassalli, *The Chimera*, translated by Patrick Creagh, Scribner, New York 1995.

Chi vive e opera qui, in mezzo ai campi di riso sui quali ogni giorno il suo sguardo si posa, parla ovviamente della costanza di questo paesaggio, alimentata dalle memorie che ne conserva fin dalla più tenera età.

Questo volume è stato ideato e tenacemente voluto da Nicola Loi, che ha eletto alcuni decenni fa Casalbeltrame a luogo elettivo nel quale presentare le opere dei grandi scultori di cui si occupa; anche attraverso questo libro lui intende testimoniare il suo legame e il suo senso di appartenenza a queste terre. Non è qui possibile ripercorrere, seppure in estrema sintesi, le ricostruzioni storiche, e gli esiti più interessanti dei linguaggi letterari, artistici, fotografici e filmici, che nel tempo hanno eletto questo territorio a protagonista di umane vicende, uniche e irripetibili, sedimentandosi poi nell'immaginario di molti, contribuendo a delineare un volto di questo universo nel quale ormai inestricabilmente si mescolano esperienze di vita vissuta, sguardi sul reale, e memorie alimentate da testi di narrativa e da icone della pittura, della fotografia e del cinema. Ci limiteremo dunque a sommarie, ancorché manchevoli, indicazioni, confidando che qualche lettore senta il desiderio di approfondire e sviluppare.

Le immagini che Ernani Orcorte ha scattato, negli ultimi anni, facendosi viandante nelle terre del riso che si stendono tra le province di Novara e di Vercelli, ci affidano visioni, "momenti di essere", che non solo aspirano a restituirci il reale, facendocelo quasi respirare, ma a farsi aura di una porzione di mondo ovunque intrisa di un fascino sottile, primordiale. Le opere pittoriche di Nado Canuti, segnate da questa immediatezza del segno, della composizione e del racconto, rivisitano periodi storici diversi, da quello caratterizzato dalla presenza delle mondine a quello attuale, con le macchine agricole al lavoro nei campi e gli

people who live and work here, in the midst of the rice fields that they gaze at every day, obviously refer to the constancy of this landscape, fuelled by the memories of it that go back to when they were children.

This book has been conceived and tenaciously sustained by Nicola Loi who, a few decades ago, selected Casalbeltrame as the chosen site in which to present the works of the great sculptors whom he deals with. Through this book he also wants to testify to his bond with and sense of belonging to these lands. Here it is not possible to trace, even briefly, the historic reconstructions and the literary, artistic, photographic and cinematic languages in which this territory has been the protagonist of unique and unrepeatable human adventures. These have been sedimented in the imaginary of many people, contributing to sketch out the features of this universe which by now inextricably meshes life experiences, visions of reality and memories nourished by narrative texts and pictorial, photographic and cinematic icons. I shall therefore restrict myself to a few summary and inadequate pointers that I trust some readers may wish to explore and develop further.

The photos taken in recent years by Ernani Orcorte, as a wayfarer in the rice lands stretching between the provinces of Novara and Vercelli, offer us visions, "moments of being" that aspire not only to show us reality in such a way that we can almost breathe it, but also to become the aura of a portion of the world steeped everywhere in a subtle, primordial appeal. The pictorial works of Nado Canuti, marked by an immediacy of touch, composition and narration, revisit different historic periods: from that characterised by the presence of the *mondine*, the female rice workers, to the present, with the agricultural machinery working in the fields and the herons who have come to populate these lands. The narrations of Massimo Canuti give voice to imaginary dialogues

aironi venuti a popolare queste terre. Le narrazioni di Massimo Canuti danno voce a dialoghi immaginari tra le mondine e gli animali che abitano le risaie, facendosi spesso apologhi del senso dell'esistere.

Nel volume si è inoltre ritenuto utile raccogliere alcune testimonianze, nate da conversazioni e interviste sviluppatesi nei mesi scorsi, su alcune significative realtà di coltivazione (e commercializzazione) del riso nelle "terre d'acqua" – Gianlorenzo Mezza; Claudio Cirio; Cristina Guidobono Cavalchini; Giuseppe Caresana, Presidente del Consorzio cui è affidato il reperimento e la distribuzione del "bene prezioso" acqua – e sul ruolo e le funzioni svolte da alcune istituzioni pubbliche – l'Ente Nazionale Risi, con il suo Presidente Paolo Carrà; il CREA Difesa e Certificazione di Vercelli, con il tecnologo Luigi Tamborini. Forniscono, queste testimonianze, lampi sull'attività di alcuni risicoltori e lacerti di una storia che solo apparentemente potremmo definire "passata", giacché essa tuttora innerva ciò che è questo territorio e squaderna le sfide che sono dietro l'angolo, delle quali sono ben consapevoli l'Ente Risi e gli stessi coltivatori. In questa sezione del volume, alcune immagini di Gigi Montali ripropongono l'atmosfera di quei luoghi, e in particolare di due cascine (la Tenuta Colombara a Livorno Ferraris e la Tenuta Darola a Trino, entrambe in provincia di Vercelli): la grande camerata con i letti l'uno all'altro affiancati, nei quali si andavano a riposare le mondine dopo una giornata di lavoro, conserva i segni di remote presenze di chi lì visse un periodo breve, ma indimenticabile, della propria vita.

A conclusione del volume, ecco alcune ricette della tradizione, mentre alcuni celebri chef, che hanno ottenuto riconoscimenti di particolare prestigio, svelano una loro ricetta con il riso protagonista: una delle maniere innumerevoli di utilizzare e di cucinare il riso. Basta infatti andare, nella nostra Penisola, dagli "arancini" siciliani al risotto con

between the *mondine* and the animals that live in the rice paddies, often becoming apologues of the meaning of life.

It was considered appropriate to include in this book certain testimonies deriving from conversations and interviews that took place over recent months. These relate to important enterprises engaged in the cultivation and marketing of rice in the "wetlands" – as described by Gianlorenzo Mezza, Claudio Cirio, Cristina Guidobono Cavalchini and Giuseppe Caresana, chairman of the consortium entrusted with sourcing and distributing the precious resource of water. They also illustrate the roles and functions performed by public institutions: the Ente Nazionale Risi (National Rice Authority), through the words of its president Paolo Carrà, and the CREA Plant Protection and Certification body of Vercelli, through those of the technologist Luigi Tamborini. These accounts offer fascinating glimpses of the activity of various rice growers and fragments of a history that can only apparently be called "past", since it still drives all that this territory is and opens up the challenges that are just around the corner and that the Rice Authority and the growers themselves are fully aware of. In this section of the book, several photos by Gigi Montali evoke the atmosphere of these places, and in particular of two farmhouses: the Tenuta Colombara in Livorno Ferraris and the Tenuta Darola in Trino, both in the province of Vercelli. We can see the large dormitory, with the rows of beds where the *mondine* would rest after the day's work, which still conserves the signs of the remote presences of those who spent a brief but unforgettable period of their lives there.

To round off the book, here are some traditional recipes, and several famous chefs, who have achieved recognition of particular prestige, share recipes in which rice plays the starring role. These illustrate just a few of the numerous ways in which rice can be used and cooked. For instance,

le mele dell'Alto Adige, e al riso al latte (che, nella memoria di chi scrive, era il cibo offerto come lenimento e cura durante le malattie dell'infanzia).

La coltivazione del riso è forse antica come la storia dell'umana presenza sul pianeta. Il riso è il cereale più consumato dalle genti che abitano la terra ed è tuttora l'alimento fondamentale di due popolatissime parti del mondo: l'Asia orientale, dove peraltro ebbe origine, e quella meridionale. Per quanto riguarda il nostro Paese, il seme e la pianta, approdati probabilmente in Sicilia, sono poi risaliti lungo la penisola, insediandosi nelle zone in cui la presenza delle paludi forniva i due elementi indispensabili per la crescita del vegetale: la terra e l'acqua. Nel territorio cui questo libro è dedicato, il riso arrivò probabilmente nel Medioevo, per opera dei monaci cistercensi dell'Abbazia di Lucedio, fondata nel 1123; i monaci, provenienti dalla Borgogna, avviarono la bonifica del territorio paludoso e la coltivazione del riso nel 1400, dando progressiva fisionomia alle Grange, le grandi aziende agricole che lentamente s'andavano costituendo grazie all'opera di disboscamento e di livellamento dei terreni. È sorprendente ricordare che parte di questo territorio, inscritta in provincia di Vercelli, che superficialmente potrebbe essere ritenuta marginale o lontana dai centri propulsori della storia della nostra penisola, diventò tuttavia, come ha ricostruito Alessandro Barbero[3], tra la fine del Duecento e l'inizio del Trecento – per la congiunta iniziativa di nobili, vescovi, monaci e autorità civili – un centro di irradiazione, con aspirazioni espansive al di là dei propri ristretti confini, prendendo parte all'avventura delle Crociate e spingendosi nei Balcani e nel Medio Oriente.

[3] Alessandro Barbero, *Terre d'acqua. I vercellesi all'apoca delle crociate*, Laterza, Bari 2007.

within Italy the range of local recipes spans from the famous *arancini* of Sicily to the apple risotto of Alto Adige, taking in the rice with milk that I myself recall was offered as a cure and comfort food during childhood illnesses.

Rice growing is possibly as old as the history of human life on the planet. Rice is the cereal most widely consumed by the peoples that inhabit the Earth and is still the staple food of two of the most densely populated parts of the world: East Asia, where it originated from, and South Asia. As regards Italy, the seed and the plant, which probably first landed in Sicily, then made their way up the peninsula, settling in the areas where the presence of marshes furnished the two elements essential for its growth: soil and water. In the territory to which this book is devoted, rice probably arrived in the Middle Ages, introduced by the Cistercian monks of the Abbey of Lucedio, founded in 1123. The monks, who came from Burgundy, set about reclaiming the marshland and began to grow rice in the fifteenth century, gradually giving shape to the granges: the large monastic estates that were created through deforestation and levelling of the land. It may be surprising to learn that part of this territory, situated in the province of Vercelli, which superficially might be considered marginal and far from being a driving force in Italian history, actually played an important role. As Alessandro Barbero has reconstructed,[3] between the end of the thirteenth century and the beginning of the fourteenth, through the joint initiative of nobles, bishops, monks and civil authorities, it became a nerve centre with aspirations to expand beyond its narrow boundaries, taking part in the adventure of the Crusades and reaching as far as the Balkans and the Middle East.

In 1475 Galeazzo Maria Sforza, Duke of Milan, promised

[3] Alessandro Barbero, *Terre d'acqua. I vercellesi all'apoca delle crociate*, Laterza, Bari 2007.

Già nel 1475 Galeazzo Maria Sforza, duca di Milano, prometteva in una lettera l'invio di riso al duca di Ferrara. Le prime coltivazioni, prima in Lombardia e poi nelle zone paludose della Pianura Padana, nonostante l'allora conseguente diffusione della malaria, contribuirono a fare del riso, che garantiva guadagni superiori a quelli che si potevano ottenere dagli altri cereali, un elemento sempre più importante nell'alimentazione di quei territori, in particolare durante il Cinquecento, in cui malattie e carestie falcidiarono le popolazioni. Diffusasi in Emilia e in Toscana (in quest'ultima regione limitata da una scarsa disponibilità di acqua), e poi in alcune zone della Calabria e della Sicilia, lentamente il baricentro della coltivazione del riso si spostò e si radicò nelle attuali "terre del riso" – nel 1850 nella sola provincia di Vercelli le colture di riso avevano raggiunto i 30.000 ettari. Ciò suscitò addirittura progetti di quello che potremmo definire "spionaggio agricolo": nel 1787 Thomas Jefferson, dopo un viaggio di sopralluogo nelle "terre d'acqua", era riuscito a importare, con strattagemmi di contrabbando, prima nel proprio bagaglio personale e poi in un sacco transitato nel porto di Genova, il prezioso riso piemontese, anche se gli esiti finali della coltivazione in terra americana si rivelarono fallimentari.

I risaroli, di cui ha parlato Vassalli, furono nell'Ottocento e fino oltre la metà del secolo scorso gradualmente sostituiti dalle "mondine". Erano, le mondine, giovani donne – talvolta anche di mezza età –, venute in queste "terre d'acqua" dall'Emilia Romagna, dal Veneto e dalla Lombardia, per i lavori di trapianto e di "monda" – le operazioni che, nella tarda primavera, trapiantavano nella risaia allagata le piantine e vi sradicavano le erbe infestanti. Si trattava un lavoro duro, con l'acqua che arrivava alle ginocchia, in una costante posizione curva, sotto il sole, dentro l'agguato teso dalle zanzare e spesso delle sanguisughe, prima che

in a letter to send rice to the Duke of Ferrara. The first cultivations were initially in Lombardy and then in the marshy areas of the Po valley, despite the consequent spread of malaria at the time. As a result rice, which guaranteed higher earnings than could be obtained with other cereals, became an increasingly important element in the diet of these areas, especially during the sixteenth century when the population was decimated by famine and disease. After spreading to Emilia and Tuscany (where cultivation was limited by a scarce availability of water), and then to certain areas of Calabria and Sicily, slowly the hub of rice cultivation shifted and became rooted in the current "wetlands". By 1850, in the province of Vercelli alone, rice crops covered no less than 30,000 hectares, even triggering operations of what we might call "agricultural espionage". In 1787, after a journey of inspection through the "wetlands", Thomas Jefferson succeeded in importing the precious Piedmont rice into America through stratagems of contraband, first in his personal baggage and later in a sack transported via the port of Genoa. Despite this, the final results of the cultivation in America proved a failure.

In the nineteenth century, and up to beyond the middle of the twentieth, the *risaroli* that Vassalli wrote about were gradually replaced by the *mondine*. The *mondine* were generally young women – sometimes even middle-aged – who came to the "wetlands" from Emilia Romagna, Veneto and Lombardy for the seasonal labour of transplanting and *monda*, or weeding. These operations were carried out in the late spring, planting out the seedlings in the flooded paddy field and pulling out the weeds. It was hard work, knee-deep in water in a constantly curved position, working for long hours under the hot sun, beleaguered by the mosquitoes and sometimes even bloodsuckers, until evening came and they were finally able to go to sleep in the dormitories set up in the farmhouse to accommodate them. It is

giungessero la sera e il riposo notturno nelle camerate della cascina destinate a ospitare le mondine. Non sorprendono le rivendicazioni di trattamenti migliori già dai primi del Novecento (al 1906 risale la conquista delle otto ore di lavoro): la memoria di quel periodo è rintracciabile in canzoni popolari quali *Se otto ore vi sembran poche* e *Sciur padrun da li beli braghi bianchi* – quest'ultima riproposta da interpreti famose e diventata celebre cinquant'anni fa.

Le mondine furono anche veicolo di modifica e arricchimento delle ricette tradizionali nei territori dai quali provenivano. Ad esempio, nelle colline e nella montagna di Reggio Emilia, si è diffusa nel tempo una variante particolare, assai apprezzata, di "erbazzone" (torta salata ripiena di bietole, o spinaci, e parmigiano-reggiano), spesso nota nella vulgata antica di "scarpazzone", che vede l'aggiunta del riso tra gli ingredienti – questa nuova ricetta è legata, come attestano i racconti delle tante mondine impegnate nelle risaie dall'inizio del Novecento fino agli anni Sessanta, all'utilizzo dei chili di riso pattuiti, oltre alla retribuzione in denaro, con quali se ne tornavano a casa alla fine delle settimane di lavoro. Il riso, si sostiene, arricchisce la ricetta tradizionale dell'erbazzone di un sapore più dolce e delicato e di un impasto più morbido e gradevole...

Nel 1949 è un film, *Riso amaro* di Giuseppe De Santis – interpretato, tra gli altri, da Silvana Mangano e girato nelle campagne di Vercelli (Cascina Veneria a Lignana e Tenuta Selve a Salasco) – a calamitare l'attenzione generale sulle "terre d'acqua"; il film riscuote un grande successo, sia di pubblico (compresi gli Stati Uniti) sia di critica (viene presentato al Festival di Cannes e candidato all'Oscar per il miglior soggetto). Memorabile è la voce fuori campo con cui si apre *Riso amaro*: "Sono alcuni secoli che nell'Italia settentrionale si coltiva il riso, come in Cina, come in India. Cresce su un'immensa pianura che copre le pro-

scarcely surprising that, as early as the beginning of the twentieth century, the *mondine* began to demand better conditions, winning the battle for an eight-hour working day in 1906. The memory of this period survives in popular songs such as *Se otto ore vi sembran poche* (If you think eight hours isn't much) and *Sciur padrun da li beli braghi bianchi* (Master, sir, with your fine white trousers). This second song was later performed by well-known singers and became famous fifty years ago.

The *mondine* were also responsible for altering and enhancing the traditional recipes in the places they came from. For instance, in the hills and mountains of Reggio Emilia rice was added to create a special and greatly appreciated version of *erbazzone* – a savoury tart filled with chard, or spinach, and parmesan cheese, also known in the old vernacular as *scarpazzone*. As confirmed by the stories of the numerous *mondine* employed in the paddies from the early twentieth century up to the 1960s, this recipe is connected with the use of the allotted kilos of rice which they brought home along with the monetary payment at the end of the working season. It is said that the rice improves the traditional recipe of the *erbazzone*, giving it a sweeter and more delicate flavour and a softer and nicer consistency.

The 1949 film *Bitter Rice* by Giuseppe De Santis – starring Silvana Mangano, among others, and shot in the countryside of Vercelli (Cascina Veneria in Lignana and Tenuta Selve in Salasco) – galvanised public attention to the "wetlands". The film was a great success both with the public, even in America, and with the critics: it was presented at the Cannes Film Festival and nominated for the Academy Award for Best Story. The voice-over of the opening scenes of *Bitter Rice* is unforgettable: "For several centuries rice has been grown in Italy, like in China, like in India. It grows on a vast plain that covers the provinces of Pavia, Novara and Vercelli.

vince di Pavia, di Novara e di Vercelli. Su questa pianura hanno impresso segni incancellabili milioni e milioni di mani di donne".

Nel 1956 Raffaello Matarazzo torna a cimentarsi con l'universo del lavoro nei campi di riso: *La risaia* (girato in esterni nelle campagne di Casalino, Novara) è una sorta di melodramma, interpretato, nel tragico ruolo di Elena, da Elsa Martinelli. Subito dopo, tra il 1957 e il 1958, va in onda sulla Rai il documentario enogastronomico *Viaggio nella valle del Po* di Mario Soldati che esplora, con straordinaria partecipazione umana, il giacimento di tradizioni culinarie in Italia, incluse quelle delle "terre del riso", che hanno contribuito a costruire l'identità italiana. Più di recente, si sono imposti all'attenzione due video di Manuele Cecconcello, *Land Art II* (2005) e *Dove il cielo si tuffa* (2006) – prodotto da Tecnomovie per l'Ente Nazionale Risi –, che ci consegnano una visione onirica, quasi stordente nei colori e tesa a volersi collocare fuori dal tempo, dell'universo della risaia.

Sempre restando nel campo delle immagini, non più in movimento, ma fisse, molti sono stati i fotografi che, nel corso delle loro ricognizioni nelle "terre d'acqua", ne hanno catturato lampi di una poesia che va oltre il valore documentario delle loro immagini. Vogliamo qui ricordare, tra i tanti, Andrea Tarchetti, notaio e fotografo dilettante, che a cavallo tra Ottocento e Novecento ha scattato immagini memorabili della sua città, Vercelli, e del territorio circostante.

Anche la pittura non è stata insensibile al fascino delle risaie. Di Angelo Morbelli erano noti i dipinti *Per ottanta centesimi* (1895), che ritrae di spalle alcune mondine intente al lavoro, e *In risaia* (1901), con il semicerchio delle donne curve che sembra quasi perdersi all'orizzonte; di recente (2018) è tornato ad essere esposto, prima a Novara e poi a Vercelli, dopo più di cent'anni, *Risaiuole* (1897), dipinto altrettanto ricco di pathos e di partecipazione

Indelible signs have been imprinted on this plain by millions and millions of women's hands."

In 1956 Raffaello Matarazzo too decided to take on the world of work in the paddies in *Rice Girl* (shot outdoors in the countryside of Casalino, Novara), a sort of melodrama with Elsa Martinelli in the tragic role of Elena. Immediately afterwards, between 1957 and 1958, the RAI broadcast the episodes of the food and wine documentary *Viaggio nella valle del Po* by Mario Soldati, who with extraordinary human engagement explored the rich vein of culinary traditions, including those of the "ricelands", that have contributed to the construction of the Italian identity. More recently, attention has been attracted by two videos by Manuele Cecconcello, *Land Art II* (2005) and *Dove il cielo si tuffa* (Where the sky dives, 2006) – produced by Tecnomovie for the National Rice Authority – which offer a dreamlike vision of the universe of rice, almost stunning in their colours and with an aspiration to timelessness.

Remaining in the sphere of images, here no longer in movement but still, there are many photographers who, in the course of their perlustrations in the "wetlands", have succeeded in capturing glimpses of a poetry that goes beyond the documentary value of their shots. Among so many, here I should like to mention Andrea Tarchetti, a notary and amateur photographer who, around the turn of the nineteenth-twentieth century, took memorable photos of his native city Vercelli and the surrounding territory.

Painting too has not been able to resist the fascination of the rice fields. The works of Angelo Morbelli included the famous paintings *Per ottanta centesimi* (For Eighty Cents, 1895), showing from the back several *mondine* intent on their work, and *In risaia* (In the Paddy,1901), with a semicircle of curved women that appears almost to fade into the horizon. Recently, in 2018, after over a hundred years, his *Ri-*

umana, e con la modernissima *texture* dei segni delle piantine di riso. Restando nell'atmosfera divisionista, va ricordato *Le mondine in Polesine* (1885) di Ettore Tito, con la presenza insolita, sull'argine, di due mucche; né possiamo dimenticare i due pittori vercellesi Enzo Gazzone e Giuseppe Raviglione. Nel secondo dopoguerra, la pattuglia degli artisti neorealisti scelse ripetutamente le mondine e il lavoro nella risaia come soggetto elettivo: tra gli altri, Renato Guttuso, Gabriele Mucchi, Aldo Borgonzoni, Giuseppe Zigaina e Tono Zancanaro, che ritrassero le mondine di Roncoferraro (Mantova); Giovanni Toffolo (Anzil), autore de *La mondina caduta*, nella collezione della Galleria del Premio Suzzara, nella quale sono presenti opere sul tema di altri artisti, tra cui, oltre a quelli già citati, Karl Plattner, Remo Wolf, Concetto Maugeri, Saro Mirabella, Ampelio Tettamanti, Giansisto Gasparini.

Ci pare interessante concludere questa assai sommaria rivisitazione della pittura legata alle "terre d'acqua" ricordando un'esperienza artistica da noi assai lontana, sviluppatasi nel nord del Giappone, dove, piantando diverse varietà di riso di colorazioni diverse, si sono riprodotti dipinti, opere d'arte e ritratti di personaggi celebri. Questo tipo peculiare di *land art*, definito "Tanbo Art" (Paddy Art), si è sviluppato in altre zone del Paese – ed è trasmigrato anche in Cina –, e da ormai vent'anni, migliaia di visitatori accorrono per ammirare l'incanto delle risaie fattesi immagini (sulla base dei disegni, elaborati al computer e poi trasformati in realtà con la semina che impegna centinaia di volontari), che è possibile vedere dall'alto salendo su piattaforme opportunamente installate vicino ai campi e nelle strade.

Restano, a conclusione di questo capitolo sulla memoria, da citare almeno alcuni dei testi letterari (poesie e romanzi) ambientati nelle "terre del riso" o che ad esse fanno un qualche riferimento, seguendo le piste delineate in una

saiuole (1897) has been exhibited again, first in Novara and then in Vercelli, a painting equally rich in pathos and emotional involvement, with brushstrokes that offer an extremely modern rendering of the texture of the rice plants. Remaining in the Divisionist atmosphere, we should recall *Le mondine in Polesine* (1885) by Ettore Tito, with the unusual presence of two cows on the bank. Nor can we overlook the two Vercelli painters, Enzo Gazzone and Giuseppe Raviglione. After the Second World War, the group of Neorealist artists frequently chose the *mondine* and work in the paddies as their subject. Among them Renato Guttuso, Gabriele Mucchi, Aldo Borgonzoni, Giuseppe Zigaina and Tono Zancanaro portrayed the *mondine* of Roncoferraro (Mantua); Giovanni Toffolo (Anzil) painted *La mondina caduta* (The Fallen Mondine), conserved in the collection of the Galleria del Premio Suzzara, which has other works on the subject by artists including, as well as those mentioned above, Karl Plattner, Remo Wolf, Concetto Maugeri, Saro Mirabella, Ampelio Tettamanti and Giansisto Gasparini.

It seems interesting to conclude this very short revisitation of the painting connected with the "wetlands" by mentioning an artistic experience very far removed from us developed in the north of Japan where paintings, works of art and portraits of famous people have been reproduced by planting varieties of rice of different colours. This particular type of land art, defined as "Tanbo Art" (Paddy Art), also developed in other areas of the country, and has even transmigrated to China. The images are based on drawings that are processed on the computer and then transformed into reality by hundreds of volunteers sowing the different varieties. For twenty years now, thousands of visitors flock to admire the enchantment of rice paddies transformed into pictures, which can be admired from above by climbing onto special platforms erected close to the fields and along the roads.

preziosa ricerca del Liceo Bellini di Novara su "Il riso e la letteratura"[4]. Risale al 1758, un poemetto didascalico in quattro canti per complessivi cinquemila versi, *La coltura del riso*, di Giovan Battista Spolverini. L'anno dopo Giuseppe Parini compone l'ode *La salubrità dell'aria*, nella quale denuncia l'inquinamento in cui è avvolta Milano, dovuto alle coltivazioni di riso fin sotto le mura della città e alla costante presenza di rifiuti, gettati dai cittadini stessi, che appestano l'aria. Nel 1820 Carlo Porta pubblica *La preghiera*, celebre poesia in dialetto milanese, nella quale una nobile siede accanto al padre Sigismondo impegnato nel rito della cottura del riso e denuncia i costumi, che a lei, aliena dallo spirito dell'eguaglianza che si sta diffondendo, paiono intollerabili. Nel romanzo *In risaia*, pubblicato nel 1877, la Marchesa Colombi (pseudonimo di Maria Antonietta Torriani) svela, attraverso le vicende di Nanna Lavatelli. la condizione femminile dell'epoca, nel lavoro, duro e precario, delle mondine. Il capolavoro di Antonio Fogazzaro, *Piccolo mondo antico*, scritto nel 1895, s'apre con una lunga dissertazione su un piatto speciale, "risotto e tartufi", per una cena in casa della Marchesa Orsola Maironi. Abbandonate le piste della ricerca del Liceo Parini, ricordiamo, a proposito di ricette per cucinare il riso, che nel *Sior Todero brontolon* (1761) di Carlo Goldoni, il tempo di cottura del riso diventa una *querelle* tra servo e padrone, mentre sono a tutti note le diverse denominazioni della stessa ricetta: le "arancine", tanto amate dai monaci Benedettini, ne *I Viceré* (1894) di Federico De Roberto, e gli "arancini" che sempre attirano il Commissario Salvo Montalbano nei racconti di Andrea Camilleri. Una tappa miliare nella valutazione del riso come alimento è costituita dal *Manifesto*

To complete this chapter on memory, it is important to mention at least some of the literary texts (poetry and novels) set in the "ricelands", or referring to them, starting with the paths mapped out in a most valuable study carried out by the Liceo Bellini of Novara on "Rice and Literature".[4] Dating to 1758 is an educational poem in four cantos of a total of five thousand lines by Giovan Battista Spolverini titled *La coltura del riso* (The Cultivation of Rice). The following year Giuseppe Parini composed the ode *La salubrità dell'aria* (The Salubrity of the Air), in which he attacks the pollution cloaking Milan caused by the rice fields extending right up to the city walls and the constant presence of rubbish thrown by the citizens themselves that infects the air. In 1820 Carlo Porta published *La preghiera* (The Prayer), a famous poem in Milanese dialect in which a noblewoman sits down next to a certain Father Sigismond, awaiting completion of the ritual of cooking rice, and launches into a diatribe against the popular customs which she finds intolerable, being totally averse to the spirit of equality that is spreading at the time. In the novel *In risaia*, published in 1877, the Marchesa Colombi (pseudonym of Maria Antonietta Torriani) reveals the female condition at the time in the harsh and precarious work of the *mondine* through the adventures of Nanna Lavatelli. Antonio Fogazzaro's masterpiece, *The Little World of the Past*, written in 1895, opens with a long dissertation on a special dish, risotto with truffles, for a dinner at the home of the Marchesa Orsola Maironi. Digressing briefly from the research of the Liceo Parini, apropos recipes for cooking rice we can also mention that in Goldoni's *Grumpy Mr Todero* (1761) the length of time for cooking the rice turns into a dispute between servant and master. And

[4] https://www.liceobellini.edu.it

[4] https://www.liceobellini.edu.it

della cucina futurista, a firma di Filippo Tommaso Marinetti e di Fillia, pubblicato il 28 dicembre 1930 nella «Gazzetta del Popolo» di Torino. Nel *Manifesto* viene bandita, oltre a vari piatti e utensili da cucina, la pasta asciutta, per una rivoluzione dietetica e culinaria che veda come protagonista il riso, che "rompe l'ordinamento passatista" e consente di preparare piatti di vari colori e portate, dagli antipasti ai dolci. Chiudiamo questa ricognizione a volo d'uccello, ricordando il romanzo, ambientato nelle risaie piemontesi, *Quaranta giorni quaranta notti* (1955) di Davide Lajolo (la copertina reca un disegno di Giuseppe Zigaina), e i già citati due romanzi *Terra d'acque* e *La chimera* di Sebastiano Vassalli. Riprendendo le piste tracciate dal Liceo Parini, menzioniamo *Le stagioni dell'acqua* di Laura Bosio, finalista al Premio Strega 2007, nel quale l'autrice traccia un affresco affascinante delle campagne in cui si coltiva il riso, una pianta delicata e resistente, che ha finito per permeare il carattere stesso delle persone che abitano queste terre.

I dipinti, molti di piccole dimensioni, tutti caratterizzati dalla sovrapposizione sulla superficie dell'opera di figure metalliche, che Nado Canuti ha realizzato alcuni anni fa, hanno origine da un incontro con Nicola Loi a Casalbeltrame: l'artista si reca a visitare il territorio, approfondisce la storia delle "terre d'acqua", e in particolare delle vicende delle mondine, anche grazie alle ricerche del figlio Massimo, che s'appresta a scriverne alcuni racconti. Canuti (Bettole di Sinalunga, Siena, 1929) vive e lavora a Milano; dopo un esordio come pittore – l'esercizio della pittura mai è stato da lui dismesso, come testimoniano i grandi fogli a tecnica mista, le lamiere dipinte e i collage di carte sfrangiate – si immerge nella pratica della scultura, affermandosi negli anni Sessanta con figure ieratiche, segnate dalle durezze dell'esistenza, che presto diventano composizioni con

then everyone is familiar with the different denominations of the same recipe: the *arancine* that the Benedictine monks were so fond of in Federico De Roberto's *The Viceroys* (1894) and the *arancini* that never fail to attract the Chief of Police, Salvo Montalbano, in the stories of Andrea Camilleri. One of the milestones in the appreciation of rice as a foodstuff is the *Manifesto of Futurist Cuisine* by Filippo Tommaso Marinetti and Fillia, published in the *Gazzetta del Popolo* of Turin on 28 December 1930. In addition to dishes and cutlery, the manifesto also bans pasta in a dietetic and culinary revolution in which rice is the star that "ruptures the passé order" and enables the preparation of dishes of different shapes and colours, from starters to desserts. I shall close this bird's eye overview with a mention of the novel set in the Piedmont rice paddies *Quaranta giorni quaranta notti* (Forty Days, Forty Nights, 1955) by Davide Lajolo, with a drawing by Giuseppe Zigaina on the cover, and the two aforementioned novels by Sebastiano Vassalli, *Terra d'acque* and *La chimera*. Returning again to the cues offered by the Liceo Parini, I would mention *Le stagioni dell'acqua* by Laura Bosio, shortlisted for the Premio Strega 2007, which offers a captivating fresco of the countryside in which the rice is grown, evoking the way in which this plant – at once delicate and strong – has permeated the very character of the local people.

The paintings produced several years ago by Nado Canuti, many of them small and characterised by the metal figures superimposed on the surface, originated from his meeting with Nicola Loi at Casalbeltrame. The artist went to visit the area to get to know the history of the "wetlands" better and, more specifically, the stories of the *mondine*, driven partly by the research of his son Massimo, who was preparing to write some stories about them. Nado Canuti (Bettole di Sinalunga, Siena, 1929) lives and works in Milan; he made

forme umane primordiali, investite da una continua germinazione e metamorfosi, nelle quali comunque sbocciano il segno e l'impronta della vita, e successivamente strutture tese a congiungersi, investite dalla geometria che ne addolcisce e ne leviga le fattezze e le superfici. L'opera di Canuti approda, trent'anni fa, a sculture lievi, sospese nel vuoto, spesso pendenti dal soffitto come il bosco che affolla lo studio milanese dell'artista, nelle quali esili figure umane, ritagliate nell'ottone, vibrano nel vuoto come banderuole issate sulle case per indicare la direzione del vento – fanno affiorare in noi, volendo fondere cultura alta e cultura bassa, le memorie dei *mobiles* di Alexander Calder e le giostrine sospese sui lettini dei bambini nei loro primissimi anni di vita. Inserite in una forma geometrica, che fa da contrappunto alla perenne instabilità che le anima, queste opere paiono tese a cogliere uno stato di incerto equilibrio e una costante ricerca di una qualche stabilità: un mondo favolistico e onirico, in cui tutto vola ed è sospeso nel cielo, dentro un viaggio nell'immaginario e una ricerca di un punto d'approdo che l'artista sembra mai riuscire a raggiungere. Le successive esperienze con le lamiere dipinte, con l'utilizzo degli acidi su alcune grandi superfici metalliche, sovrapponendovi forme ritagliate, le sperimentazioni con lastroni sui quali l'acido ha scavato e creato occasioni di nuove forme, ambigue, da individuare andando a smuovere l'immaginario, sono, oltre alle appena citate sculture in perenne attesa dell'aria che le faccia oscillare, all'origine delle opere che qui si presentano, dedicate all'epopea delle mondine e all'universo della risaia.

I dipinti di Canuti sono costituiti da tavolette di lamiera (alcune volte di cartone) che recano, ritagliate e fattevi aderire, figure umane – principalmente le mondine con i loro grandi cappelli di paglia, memori delle forme circolari un tempo rifilate nel metallo –, animali (rane e aironi, so-

his debut as a painter and he has never stopped painting, as witnessed by the large works in mixed media and on painted metal, and the collages of frayed paper. But he soon ventured into sculpture, making his name in the 1960s with solemn figures marked by the harshness of existence. These soon became compositions featuring primordial human forms endowed with a continual germination and metamorphosis, in which the sign and imprint of life nevertheless unfold, followed by structures tending towards juncture, endowed with a geometry that smoothes and gentles their features and surfaces. Thirty years ago Canuti's work evolved into delicate sculptures, suspended in the void and often hung from the ceiling, like the forest that crowds the artist's studio in Milan. In these, slender human figures cut out of brass vibrate in the void like wind vanes set atop houses to show the direction of the wind. Melding high and low culture, they bring back to us memories of Alexander Calder's mobiles and those hung above babies' cribs in the early months of life. Set within a geometrical form that acts as a counterweight to the perennial instability that animates them, these works seem tensed to grasp a state of uncertain balance in the constant quest for some form of stability. This is a fabulous, dreamlike world in which everything flies and is suspended in the sky, in a journey through imagination and the search for a landing point that the artist seems never able to reach. Then came the experiments with painted metal sheets, and the use of acids on large metal surfaces with cut-out forms overlaid on them, and the experiments with slabs which the acid has gouged out, creating the occasions for new, ambiguous forms, to be identified by rousing the imagination. These, like the sculptures mentioned above constantly waiting for the air to make them move, are at the origin of the works presented here devoted to the epic of the *mondine* and the universe of the rice field.

prattutto), attrezzi agricoli impegnati una delle fasi di coltivazione del riso, case e alberi in lontananza. Canuti ha pazientemente e personalmente ritagliato queste forme, che recano quindi sagomature segnate dalla manualità del fare, applicandole poi sulla superficie di fondo con la saldatura o l'utilizzo di colle tenaci; in alcuni casi, ricorrendo a piccole calamite che lui ha inserito, le figure possono essere spostate sulla superficie del dipinto: un invito a pensare a una diversa struttura della rappresentazione, a un nuovo posizionamento degli elementi convocati a raccontare un episodio o una visione della vita in risaia. Due paiono le caratteristiche che immediatamente s'impongono in questi lavori di Canuti, tutti all'insegna di toni delicati, come se si trattasse di memorie ormai lontane che riaffiorano da un lungo viaggio dentro il tempo. Da un lato, ecco dispiegarsi una solida ripartizione geometrica, che sempre si avvale delle conquiste della prospettiva – il cielo con il sole e le nuvole in alto, a tutto sovrastare, la linea delle case e degli alberi sottostanti a fare da quinta sullo sfondo, la risaia invasa dall'acqua, magari solcata da linee diagonali, le mondine in primo piano sul lato inferiore del dipinto. Dall'altro lato, ecco affiorare un'ininterrotta vocazione favolistica: le conversazioni tra una mondina e una rana, tra una mondina e un uccello su un albero, tra una mondina e un corteggiatore, tra le mondine stesse (in un'opera presenti in un gruppo di otto) – "racconti e confidenze di amori", qui suggerisce Canuti – hanno il sapore delle favole di Esopo, con i loro intenti morali, pedagogici. L'artista ha del resto immaginato il contenuto dei colloqui che andava raffigurando: "Tu a cosa servi", chiede la mondina alla rana, e lei pronta risponde, "Io sono quella che mangia le zanzare". Canuti coglie, nelle forme metalliche che ha ritagliato, alcuni momenti di verità: gli aironi in volo sulla campagna, sopra le ripartizioni dei campi coltivati, oppure intenti a scovare e a

Canuti's paintings consist of sheets of metal, and sometimes of cardboard, with human figures cut out and attached to them – mostly figures of *mondine* wearing their large straw hats, redolent of the circular forms once cut into the metal – and of animals (chiefly frogs and herons) and agricultural machinery engaged in one of the phases of rice growing, with houses and trees in the background. Canuti has patiently cut out these forms himself, and indeed the contours bear traces of this manual quality, subsequently applying them to the background surfaces by welding or using strong glues. In some cases, using small magnets that he has inserted, the figures can even be moved over the surface of the painting. This is an invitation to consider a different structure of the representation, a new positioning of the elements summoned to recount an episode or a vision of life in the paddy. In these works of Canuti's there are two elements that are immediately striking, all on the keynote of delicate tones, as if these were distant memories that float to the surface from a long journey through time. On the one hand, a solid geometrical division unfolds, always drawing on the acquisitions of perspective: the sky with the sun and the clouds at the top, overlooking everything, the line of the houses and the trees below acting as wings in the background, the rice field flooded with water, at times furrowed by diagonal lines, and the *mondine* in the foreground at the lower edge of the painting. On the other hand what surfaces is an uninterrupted fairytale dimension: the conversations between a *mondina* and a frog, between a *mondina* and a bird in a tree, between a *mondina* and an admirer, or between the *mondine* (in one work present in a group of eight) – "tales and secrets of amours", as Canuti suggests here – which have the savour of Aesop's fables, with their educational morals. The artist has indeed imagined the contents of the conversations depicted. "What are you for?"

cibarsi dei piccoli abitatori della risaia; l'acqua livida, verdastra; l'aratura con le due diverse porzioni del terreno ben distinte, prima e dopo lo scavo dell'aratro; la semina del riso con il trattore e la seminatrice. In alcune opere, Canuti si sofferma a individuare, all'interno della superficie acquea, attraverso elementi in rilievo, le segmentazioni del terreno coltivato. Limitiamoci, in conclusione, a citare un dipinto di particolare fascino, nel quale si coglie il respiro largo della campagna: un canale fende la superficie e conduce a una casa agricola sullo sfondo, mentre due aironi in primo piano paiono invitarci a seguirli nel loro volo, immergendoci in questo peculiare universo.

Risale al 2016 la ricognizione nelle "terre d'acqua" svolta da Ernani Orcorte (Torino, 1956), attivo, sin dagli anni Ottanta, in vari settori della documentazione e della ricerca fotografica: teatro e danza, fotografia industriale, opere d'arte, architetture e restauro, ritratto e spazi architettonici. È venuto qui, Orcorte, su richiesta di Nicola Loi, nelle diverse stagioni dell'anno e in varie ore della giornata, quando cambiano le luci e i toni con cui il mondo ci si rivela: si è trattato, per lui, di un'immersione totale, con l'atteggiamento umile del neofita pronto a camminare lungo le strade e sugli argini, affacciandosi sull'acqua che ricopre i campi e che scorre nei fossati e nei canali, pigramente o con impetuosa irruenza, attento alle chiuse (alcune di antica origine) che interrompono o lasciano libero il fluire delle acque, o a qualche precaria tavola di legno che consente il passaggio da un campo all'altro. Sempre, Ernani, ha voluto "vedere", pronto a lasciarsi invadere dallo stupore per ciò che gli appariva e a cogliere ogni momento di verità nel quale l'immagine che gli stava davanti faceva cortocircuito con la sua sensibilità, con la sua educazione allo sguardo (inquadrature, luci) e con quella che a me piace definire la

the *mondina* asks the frog, which swiftly responds "I'm here to eat the mosquitoes". In the metallic forms that he has cut out Canuti grasps moments of truth: the herons in flight over the landscape, over the sections of the cultivated fields, or intent on hunting out and feeding on the little denizens of the paddy; the dark, greenish water; the ploughing – with the two different portions of the soil totally different before and after the passage of the plough; the sowing of the rice with the tractor and the seeder. In some works, Canuti pauses to identify the segmentations of the cultivated land within the watery surface through elements in relief. In conclusion I shall simply cite a particularly charming painting showing the wide breadth of the landscape: a canal slices the surface, leading to a farmhouse in the background, while in the foreground two herons appear to invite us to follow their flight, immersing ourselves in this unique universe.

The perlustration in the "wetlands" of Ernani Orcorte (Torino, 1956) dates to 2016. Since the 1980s he has been active in various sectors of documentation and photographic research: theatre and dance, industrial photography, works of art, architecture and restoration, portraiture and architectural spaces. At the request of Nicola Loi, Orcorte came here in different seasons of the year and at different times of the day, when the light changes and the tones in which the world shows itself alter. For him it was a total immersion, performed with the humble attitude of a neophyte ready to tread the roads and the banks, looking out over the water that covers the fields and runs in the ditches and channels, lazily or with impetuous vehemence, watching out for the sluices (some of them ancient) that block or release the flow of water or for some makeshift plank permitting the passage from one field to another. Ernani always wanted to "see for himself" ready to let himself be captivated by the wonder of what appeared before him and to grasp each

propria "educazione sentimentale" – prendendo a prestito il titolo del romanzo di Gustave Flaubert. Ecco srotolarsi davanti a noi le immagini delle fredde giornate dell'inverno, quando le brume tutto avvolgono e occultano buona parte del reale, con la brina depositatasi sulla vegetazione e su ogni, pur minuscolo, elemento, rivelandone ed esaltandone le fattezze; ecco, ancora, le nebbie che nell'estate fanno dubitare al risveglio di quale sia il periodo dell'anno in cui ci si trova immersi; ecco le luci della primavera, quelle che accendono e rafforzano l'intensità di ogni colore nell'estate e quelle che scaldano i colori dell'autunno.

Orcorte si è altresì reso conto che occorreva cogliere le diverse fasi della coltivazione delle risaie – la semina, l'immissione dell'acqua nei riquadri, il raccolto, l'aratura, e ancora il luogo dove, in laboratorio e nel campo, si sperimentano e si coltivano nuove varietà – nelle quali il panorama si popola di presenze favolose: i trattori possenti e gli aironi che, conoscendo ormai quando si danno condizioni favorevoli per catturare le loro minuscole prede, sciamano nell'aria, planano a terra, colorando di bianco le scene. Né ha rinunciato, Orcorte, a cogliere segni che rivelano l'ormai acquisita complessità umana di un territorio – ad esempio, la presenza di lavoratori stranieri, in un'immagine che pare essere stata scattata in un altro angolo del pianeta – e i diversi volti assunti dai campi coltivati a riso nei vari momenti dell'anno – il rigoglio delle piante, di varietà diversi, con i conseguenti colori e altezze; le zolle rivoltate dall'aratro, quando si caricano sotto il sole di riflessi luminosi, metallici; la diversa configurazione delle superfici, anche confinanti, a seconda della fase di lavorazione che le abbia investite. Oltre alle piantine di riso, talvolta catturate mentre sbucano esili dalla superficie dell'acqua, la sua attenzione si è soffermata su una libellula issatasi sulla sommità di una pianticella, e su altre vegetazioni che popolano queste

moment of truth in which the image before him short-circuited with his sensitivity, with his gaze trained in frames and lights and with what I like to call his "sentimental education", borrowing the title of Gustave Flaubert's novel. And so we see before us the images of the cold winter days, when much of the real world is cloaked and hidden by mists, with the frost settled on the vegetation, revealing and picking out the details of every tiniest element. And, here again, in summer the fogs that make you wonder on awakening what period of the year you are immersed in. And here the lights of spring, those that illuminate and intensify every colour in summer and those that warm the colours of autumn.

Orcorte also realised the need to capture the different phases of cultivation in the paddies: the sowing, the flooding of the square sections with water, the harvest, the ploughing and also the place where – in the laboratory and in the field – the new varieties are experimented and grown. In these phases the panorama is populated with fabulous presences: the mighty tractors and the herons that – by now well aware of the conditions favourable for capturing their tiny prey – flock in the air then glide down to earth, colouring the scene with white. Nor did Orcorte neglect to grasp the signs revealing the, by now consolidated, human complexity of the territory: for instance the presence of foreign workers in a photo that appears to have been shot in another corner of the plant. And then, the different appearance that the rice fields assume at various times of the year: the luxuriance of the plants, of different varieties and hence also divers colours and heights; the clods of earth turned by the plough, when the sunlight charges them with luminous, metallic reflexes; the different configuration of even adjacent surfaces, depending on the stage of production. As well as the rice plants, captured sometimes just as they emerge slenderly from the surface of the water, his attention has also dwelt on a drag-

terre: un albero solitario che appena s'intravede dentro la nebbia, nella lontananza, apparentemente unico superstite nei dintorni; gli alberi solitari o in filari che si riflettono nel canale d'acqua che costeggiano; i salici feriti che resistono possenti nonostante le radicali mutilazioni loro inflitte, esibendo i loro monconi. Infine, in una fotografia memorabile, alcuni alberi s'ergono, spogli e contorti, intrisi di tristezza e di disperazione, come se fossero i superstiti di una catastrofe ecologica; sembrano intenti a elevare una muta preghiera al cielo. A me subito ricordano la *Crocefissione* (1475) di Antonello da Messina ad Anversa, con gli alberi su cui sono stati issati i due ladroni – nella disposizione classica che li vede ai lati della Croce cui è stato inchiodato Cristo –, con i loro corpi e gli arti costretti a seguire le contorsioni e le tortuosità del tronco e dei rami.

Ci sono, ancora, momenti di particolare poesia quando Orcorte cattura un airone solitario in volo, che dispiega, nella nebbia avvolgente, le sue ali, o altri esemplari dell'uccello in volo, in una formazione più composita. Infine, in una immagine davvero indimenticabile, il fotografo è andato a scovare e a sorprendere un airone appollaiato su un argine, vedetta solitaria che scruta nella bruma, sentinella che, dentro l'arresto del tempo, vigila sull'ignoto (splendida copertina per *Il deserto dei Tartari* di Dino Buzzati).

Non si può, infine, tacere il costante rigore che anima le inquadrature e la disposizione delle forme nelle fotografie di Orcorte, il gusto dei rapporti e dei "pesi" tra gli elementi dell'immagine che lui ha saputo individuare e cogliere, sempre tesi a un accostamento virtuoso. Pensiamo a qualche esempio di particolare felicità: le lingue orizzontali d'acqua, baluginanti di riflessi, che si spingono verso l'orizzonte, con sullo sfondo alberi, case e una piccola chiesa, o addirittura, nella lontananza, le montagne innevate; il canale che fende diagonalmente la terra o l'arco naturale, formatosi tra ac-

onfly perched on the tip of a seedling, and on other vegetation that inhabits these parts. A solitary tree that can just be made out in the distance through the fog, apparently the sole survivor in the environs; single trees or in rows, reflected in the channel of water running alongside; the wounded willows that resist staunchly despite the radical mutilations inflicted on them, flaunting their stumps. Finally, a memorable photo shows a clump of trees, bare and gnarled, charged with sadness and despair as if they were the survivors of some ecological catastrophe, seemingly intent on raising a mute prayer to heaven. To me, they immediately recalled Antonello da Messina's *Antwerp Crucifixion* (1475), with the trees on which the two robbers have been hung – in the classical arrangement on either side of the Cross to which Christ is nailed – their bodies and limbs forced to adapt to the twisted contortions of the trunks and branches.

There are also moments of particular poetry when Orcorte captures a solitary heron in flight, stretching its wings in the enveloping fog, or other examples of birds in flight in a more composite formation. Finally, a truly unforgettable image: the photographer succeeded in surprising a heron perched on the bank of a canal, a solitary lookout staring into the mist, a sentinel in a frozen time watching over the unknown (a splendid cover for Dino Buzzati's *The Tartar Steppe*).

Last of all, I cannot fail to observe the constant rigour that inspirits the framing and the arrangement of forms in Orcorte's photos, the taste for the ratio and weighing between the elements in the images he succeeds in identifying and capturing, always aimed at a virtuous juxtaposition. I have in mind a few particularly felicitous examples: the horizontal tongues of water, glittering with reflexes, stretching towards the horizon, with trees, houses and a small church in the background, or even the snow-clad mountains in the distance; a channel diagonally slitting the earth, or the natu-

qua e terra, che addolcisce la visione; la forza brutale della corrente d'acqua in un canale, di cui pare possibile sentire il gorgoglio, o la cupezza di un cielo che incombe sulla terra e preannuncia la pioggia che verrà.

Giunti al termine dell'introduzione di questo volume sulle "terre d'acqua", ora ci si inoltra nelle testimonianze dei protagonisti e nelle immagini che ne raccontano memorie e visioni dell'oggi. La speranza è che gli elementi che tratteggiano la storia e il volto di questo territorio siano serbati nel tempo futuro, e non dispersi nel vento. Non solo perché queste notizie e queste immagini arricchiscono il nostro cuore e la nostra mente di semi preziosi, non solo perché ci fanno cogliere le complessità di un universo peculiare, quale quello della risaia, ma perché possono evitare che in futuro ci accada di transitarvi accanto frettolosamente, senza una partecipazione e un coinvolgimento veri. Non nascondiamo in verità la speranza – ed è stato questo uno degli intenti di chi ha promosso e voluto questo libro – che le memorie e le immagini che qui si sono depositate suscitino in qualche "viandante", non necessariamente solitario, il desiderio di venire a scoprire le "terre del riso", per ammirarne visioni che subito vanno diritte al cuore. Sostando lungo il cammino, potrà gustare i piatti che la tradizione popolare qui ha elaborato, a partire dalla panissa (o paniscia), nelle due varianti vercellese e novarese, con il riso, i fagioli e il "salam d'la duja" (o altra carne di maiale), e, tornandosene a casa, portare con sé, oltre alle nuove memorie, quel riso che qui da secoli è vita, lavoro e identità.

ral arch formed between the water and the land that gentles the vision; the brutal force of the current of water in a canal, such that we can almost hear its gurgling, or the darkness of a sky looming over the land, presaging the coming rain.

Having reached the end of the introduction to this book on the "wetlands" the reader can now go on to discover the words of the protagonists and the images that recount its memories and its current visions. The hope is that the elements that trace out the history and the features of this territory may be conserved in the future and not scattered to the winds. Not just because this information and these images enrich our hearts and minds with precious seeds, not just because they help us to grasp the complexity of a specific universe such as that of the paddy fields, but because it will prevent us, in the future, from passing alongside it hurriedly, without any real emotional engagement. In truth, I do not wish to conceal the hope – which was one of the intentions of those who advocated and supported this book – that the memories and images contained in it may arouse in some, not necessarily solitary, "wayfarer" the desire to come and discover the "ricelands" and to admire here visions that go straight to the heart. Stopping along the way, the traveller can savour the dishes that have evolved from popular cuisine, starting with the *panissa* (or *paniscia*), in the Vercelli and Novara variants, with rice, beans and the *salam d'la duja* (or other types of pork), and may return home carrying not only memories, but that rice which, for centuries, has here meant life, work and identity.

Tutte le fotografie da p. 12 a p. 32 sono di Gigi Montali e sono state scattate nella Tenuta Colombara di Livorno Ferraris (Vercelli)

All photos from p. 12 to p. 32 are by Gigi Montali and were taken in the Tenuta Colombara in Livorno Ferraris (Vercelli)

L'OPEROSA POESIA

Enza Labella

Il mio sodalizio con Materima, Casalbeltrame e con questo progetto di mostra nasce da una visione condivisa, da una ferma certezza delle infinite potenzialità dell'arte e del territorio che la ospita, entrambi motori socioeconomici di incredibile potenza.

La volontà di mostrare il lato operoso dell'arte ha da sempre guidato le mie scelte. Il desiderio di porre l'attenzione su tutte quelle figure che consentono agli artisti di esprimersi al meglio, come gli artigiani, i curatori e tutti gli operatori del settore che, di concerto, rendono grande il lavoro di un artista, ha da sempre un ruolo primario nella mia ricerca.

Altrettanto primario è il ruolo del territorio, la sua identità legata alla produzione del riso, le sue particolarità geografiche, la sua capacità di creare occupazione, anche per le donne. La costante ricerca nel campo della produzione di nuove varietà, nuove consistenze e nuovi gusti è infatti sintomo di un tessuto locale vivo, vivace, che va promosso e sostenuto, è un percorso molto simile a quello artistico, anch'esso impegnato nell'eterna ricerca di nuove espressioni che interpretino ed incontrino la realtà odierna.

È in posti come questo che la fruizione dell'arte dovrebbe essere ricollocata, per uscire dalla consueta logica del centro città, coinvolgendo così realtà diverse, per porre l'attenzione sui molti "giardini segreti" che l'Italia offre.

Lo sguardo di due artisti, Nado Canuti ed Ernani Orcorte, ha saputo ritrarre, utilizzando due media diversi, l'operosa poesia di questi luoghi, dei suoi mestieri e protagonisti, mettendo così in luce la perpetua bellezza del lavoro e del contatto con la terra.

INDUSTRIOUS POETRY

Enza Labella

My association with Materima, Casalbeltrame and the project for this exhibition stemmed from a shared vision, from a staunch conviction of the infinite potential of art and the territory that hosts it, both incredibly powerful social and economic driving forces.

My choices have always been guided by the desire to display the industrious side of art. The wish to draw attention to all those people who enable the artists to express themselves to their best, such as artisans, curators and all those working in the sector who together make the artist great, has always played a primary role in my research.

Equally primary is the role of the territory, its identity linked to the production of rice, its geographical characteristics, its capacity to create work, even for women. The constant research into the production of new varieties, new consistencies and new flavours is indeed the sign of a lively and resourceful local fabric that needs to be encouraged and sustained. It's a process very similar to that of art, it too engaged in the eternal quest for new expressions that can intercept and interpret contemporary reality.

It is to places such as this that the enjoyment of art ought to be relocated, to get away from the conventional rationale of the city centre, in this way involving different realities and drawing attention to the many "secret gardens" that Italy has to offer. The gaze of two artists – Nado Canuti and Ernani Orcorte – has employed two different media to portray the industrious poetry of these places, their people and their occupations, casting light on the perpetual beauty of work and of contact with the earth.

Testimonianze
Testimonials

Paolo Carrà, Presidente dell'Ente Nazionale Risi: L'attività di un'istituzione unica, e le sfide che la risicoltura italiana deve affrontare

L'Ente Nazionale Risi è un ente pubblico economico, vigilato dal Ministero delle politiche agricole alimentari e forestali, con sede legale a Milano, con un Centro Ricerche sul Riso presso Castello d'Agogna, in provincia di Pavia, e cinque sezioni tecniche presso Vercelli, Novara, Pavia, Codigoro e Oristano. È un ente di filiera attraverso il quale i produttori e i trasformatori esprimono le strategie che, attraverso Ente Risi, vengono discusse nei Ministeri competenti.

La propria attività può essere così riassunta:

Ricerca: attraverso il nostro Centro Ricerche sul Riso ci occupiamo di genetica, agronomia, difesa della coltura. Queste tre linee di azione hanno come denominatore comune, il trovare soluzioni colturali sostenibili per l'ambiente. In particolare, negli ultimi anni abbiamo messo a punto la tecnica di *precision farming* per una corretta fertilizzazione della coltura. La ricerca che svolgiamo è definita applicata, ossia parte da richieste oggettive del settore. Per quanto riguarda la ricerca genetica puntiamo a varietà che siano più resistenti alle malattie fungine e più performanti dal punto di vista produttivo. Inoltre attraverso la nostra banca del germoplasma, unica in Italia ad avere varietà di riso da fine '800 ad oggi, disponiamo di materiale genetico per nuovi incroci.

Analisi merceologica: attraverso il nostro laboratorio accreditato, facciamo analisi merceologiche sia per clienti esterni che ad uso interno. In particolare svolgiamo anche il ruolo di repressione frodi per quanto riguarda il riso bianco in commercio.

Analisi di mercato: attraverso i dati che giungono al no-

Paolo Carrà, President of the Ente Nazionale Risi (National Rice Authority): The activity of a unique institution and the challenges that Italian rice production has to face

The Italian National Rice Authority is a state-controlled company, supervised by the Ministry for Agricultural and Forestry Policy, with registered office in Milan, a Rice Research Centre at Castello d'Agogna in the province of Pavia and five technical sections in Vercelli, Novara, Pavia, Codigoro and Oristano. It's an industry-wide body through which the producers and processors express the strategies that are then discussed through the Rice Authority in the competent Ministries.

The activity of the Authority can be summed up as follows:

Research: through our Rice Research Centre we deal with genetics, agronomy and crop protection. These three lines of action have a common denominator: finding environmentally sustainable cultivation solutions. More specifically, in recent years we have developed the technique of precision farming for a correct crop fertilisation. The research we perform is defined as 'applied', since it is sparked by the objective demands of the sector. In genetic research we target varieties that are more resistant to fungal disease and that perform better in terms of production. Further, through our germplasm bank, the only one in Italy to have varieties of rice from the end of the 19th century to the present, we have material for new crosses at our disposal.

Product analyses: through our accredited laboratory we perform product analyses both for internal use and for external clients. More specifically, we also perform fraud prevention for the white rice on the market.

Market analyses: the data relating to the surface area

stro CED da parte degli agricoltori e dell'industria relativi alla superficie investita, alle varietà coltivate, al commercializzato, siamo in grado di avere un quadro molto preciso della situazione reale, il che permette di fare delle valutazioni commerciali sul collocamento del riso italiano. Tutto il riso italiano è da noi tracciato, da quando viene seminato a quando arriva alla riseria.

Attività di lobby: l'attività viene effettuata sia a livello nazionale che europeo e consente alla filiera risicola nazionale di presentarsi sempre unita con richieste chiare che permettano di far evolvere il settore. Dal 2017 abbiamo organizzato il Forum del Riso Europeo, giunto alla sua quarta edizione, che vede il confronto di produttori e trasformatori di otto Paesi dell'Unione dove si coltiva il riso. Attraverso il Forum viene predisposto un documento comune di indirizzo strategico che viene presentato alla Commissione e agli Europarlamentari.

Promozione: l'attività di promozione/divulgazione in questi anni ha assunto un notevole slancio, non solo adeguandosi ai moderni sistemi di comunicazione ma anche rivolgendosi ad una platea più ampia, e non solo di settore, rappresentata da consumatori, dal settore della gastronomia, dalle scuole, dal settore del turismo. Stiamo operando attraverso la campagna nazionale "Nutri la tua voglia di riso" e attraverso la campagna di promozione europea con la collaborazione di un partner portoghese e di uno francese.

Ad oggi la risicoltura nazionale si è stabilizzata su circa 227.000 ettari che per il 92% sono coltivati in Piemonte e Lombardia. Altre aree di coltivazione sono il Veneto, l'Emilia Romagna, la Sardegna, la Calabria. Esistono la D.O.P. della Baraggia Biellese e Vercellese, l'I.G.P. Nano Vialone del Veronese e l'I.G.P. del Delta del Po. La coltivazione comprende varietà Japonica destinate alla preparazione di prodotti per la prima colazione, per la parboilizzazione, per i dolci e

involved, the varieties grown and how much rice is marketed is transmitted by the growers and by industry to our data processing centre (CED). As a result we manage to have a very precise picture of the real situation, enabling commercial appraisals of the placement of Italian rice. We trace all the rice in Italy from when it is sown to when it arrives at the rice mill.

Lobbying: carried out at both national and European level, with the purpose of allowing the national rice industry to present a consistently united front with clear demands that allow the sector to evolve. Since 2017 we have organised the Forum on the EU Rice Sector, now in its 4th edition, which brings together producers and processors from the eight countries of the Union in which rice is grown. The Forum leads to the drafting of a shared strategic policy document that is presented to the Commission and the MEPs.

Promotion: in recent years advertising and promotional activities have gained considerable momentum, not only by adapting to modern communication systems, but also by targeting a broader audience – not just the sector – represented by consumers, the food & wine sector and that of tourism. We are operating through a national campaign 'Nutri la tua voglia di riso' (Nourish your love of rice) and through a European advertising campaign in liaison with a Portuguese partner and a French partner.

Currently Italian rice production has stabilised at around 227,000 hectares, with 92% being grown in Piedmont and Lombardy. Other growing areas are in Veneto, Emilia Romagna, Sardinia and Calabria. The quality trademarks include the Baraggia Biellese e Vercellese D.O.P., the Nano Vialone del Veronese I.G.P. and the Delta del Po I.G.P. Cultivation includes Japonica varieties destined to the preparation of products for breakfast, for parboiling, for cakes

per i primi piatti come il risotto e varietà indica a grana lunga, quest'ultime utilizzate principalmente come contorno. La superficie investita a riso in Piemonte è solitamente più costante rispetto a quella lombarda perché in quest'ultima, quando le condizioni commerciali di mais e soia lo consentono, gli agricoltori destinano parte della loro superficie a queste due colture. Il riso italiano e quello europeo oggi sono minacciati dalle crescenti importazioni a dazio zero a seguito di accordi di libero scambio tra UE e i Paesi del sud est asiatico. Tali accordi avrebbero dovuto determinare un miglioramento delle condizioni di vita delle popolazioni locali ma in realtà, come abbiamo appreso recentemente dalla cronaca, di tali concessioni si sono avvantaggiati solo singoli speculatori. Anche le linee guida che la Commissione Europea ha pubblicato per la futura P.A.C. (Politica Agricola Comune) creano un certo allarmismo perché non supportate da analisi di impatto sul settore. In particolare, la corretta richiesta di salvaguardare sempre di più l'ambiente, parte da argomentazioni pretestuose e ideologiche e non basate sulla ricerca scientifica. Se non si interviene con una richiesta di reciprocità di regole ambientali, questo metterà in concorrenza il riso europeo con quello proveniente da Paesi dove non esistono norme di rispetto ambientale. L'importante è comunque non giocare in difesa, proporre soluzioni realistiche per una migliore difesa dell'ambiente, continuare nel processo di innovazione che ha permesso alla risicoltura italiana di divenire un settore altamente specializzato, sapere promuovere l'eccellenza del riso italiano con campagne divulgative moderne e accattivanti.

and biscuits and first courses such as risotto, and long-grain Indica varieties mostly used for side dishes. The surface area invested in rice in Piedmont is generally more constant than that in Lombardy, since when the commercial conditions of corn and soya permit, the Lombard farmers use part of their land for these two crops. Italian and European rice are currently threatened by the growing duty-free imports resulting from free trade agreements between the EU and the countries of south-east Asia. These agreements were intended to bring about an improvement in the living conditions of the local people but in actual fact, as we have recently learnt from the news, these concessions benefited only individual speculators. The guidelines published by the European Commission for the future C.A.P. (Common Agricultural Policy) also generate a certain alarm, since they are not supported by sector impact analyses. More specifically, the just request for increasing environmental protection is based on specious and ideological arguments not grounded in scientific research. If action is not taken to demand reciprocity in the environmental regulations, this will place European rice in competition with that originating from countries where regulations for environmental protection do not exist. Nevertheless, the important thing is not to play defence but to propose realistic solutions for a better protection of the environment, to continue in the process of innovation that has allowed Italian rice production to become a highly specialised sector, and to succeed in promoting the excellence of Italian rice through appealing, modern advertising campaigns.

Gianlorenzo Mezza: Memorie di una vita con il riso, e con SA.PI.SE.

Il riso e la risicoltura mi hanno accompagnato durante tutta la mia attività lavorativa e anche durante gli studi universitari.

Sono nato e cresciuto in una azienda agricola (cascina) del vercellese, dove la coltivazione principale era il riso, anche se a quei tempi (anni '50 e '60) l'attività agricola era molto variegata: grano, prati, bestiame da latte. La forza motrice nei campi erano i cavalli, e le erbe infestanti erano estirpate dalle mondariso che dalle province di Piacenza, Reggio Emilia, Modena, Mantova, Rovigo venivano nelle province di Vercelli, Novara, Pavia, dove si fermavano per 40-50 giorni. Ho vissuto da ragazzino quel periodo di grande e tumultuosa trasformazione, quando in pochi anni la meccanizzazione e gli erbicidi hanno stravolto le tecniche tradizionali di coltivazione.

Anche le varietà di riso si sono dovute evolvere per adeguarsi alla raccolta con le mietitrebbiatrici, con le nuove tecniche colturali necessarie per il controllo delle erbe infestanti, e con gli altri sviluppi dei metodi di coltivazione e di raccolto. Fu così che la SARDO PIEMONTESE SEMENTI (SA.PI.SE.) decise di occuparsi oltre che di sementi di riso anche della costituzione di nuove varietà.

La SA.PI.SE. è una cooperativa di risicoltori piemontesi e sardi, sorta senza alcun contributo di denaro pubblico, con lo scopo di produrre, valorizzare e commercializzare direttamente tramite una propria struttura le sementi prodotte dai soci. La sede sociale à sempre stata in Vercelli e la presenza di soci sardi in una cooperativa di vercellesi è dovuta alla migliore qualità delle sementi prodotte nella zona di Oristano grazie al clima più secco durante la fase

Gianlorenzo Mezza: Recollections of a life with rice and with SA.PI.SE.

All my working life, and even during my university studies, I have been involved with rice and rice growing.

I was born and raised on a farm in the province of Vercelli where the main crop was rice, even though in those days (the 1950s and 60s) the farming activities were very varied, including wheat growing, pasture and dairy cattle. In the fields, power was supplied by workhorses and the weeding was performed by rice weeders from the provinces of Piacenza, Reggio Emilia, Modena, Mantua and Rovigo that would come to work in the provinces of Vercelli, Novara and Pavia for about 40-50 days. As a boy I witnessed the major phase of turbulent transformation when, in the space of just a few years, the traditional growing techniques were revolutionised by mechanisation and herbicides.

Even the varieties of rice had to evolve to adapt to harvesting using combine harvesters, the new cultivation techniques required for weed control and the other developments in the growing and harvesting methods. This is why the SARDO PIEMONTESE SEMENTI (SA.PI.SE.) decided to expand its operations from the production of rice seeds to the creation of new varieties.

The SA.PI.SE. is a cooperative of Piedmontese and Sardinian rice growers that was set up without any public funding for the purpose of producing, enhancing and marketing the seeds produced by the members directly through its own structure. The headquarters has always been in Vercelli and the presence of Sardinian members in a Vercelli cooperative is due to the better quality of the seeds produced in the area of Oristano in Sardinia, where

di maturazione, che determina una più elevata germinabilità delle sementi stesse.

La cooperativa incontrò fin dai primi anni il gradimento e il consenso dei risicoltori che acquistavano sementi di riso grazie alla serietà e alla correttezza professionale dei soci. Il gradimento si manifestò sia tra i risicoltori italiani sia in gran parte dei risicoltori del bacino del Mediterraneo.

L'attività di ricerca di nuove varietà iniziò negli anni '80 con lo scopo (comune in tutte le attività di ricerca sul riso) di aumentare la produzione per ettaro e di migliorare la resistenza alle malattie fungine del riso.

Questa è stata l'utile e feconda fase iniziale dalla ricerca di risi speciali, nella quale ciò cui si mirava principalmente non era una grande produzione di riso per ettaro, ma venivano perseguite altre caratteristiche e innovazioni del prodotto. Si sta diffondendo sempre più in Europa il consumo di risi profumati provenienti dall'India o dal Pakistan, i cosiddetti risi Basmati. La SA.PI.SE. ha investito su questi tipi di riso realizzando la varietà Apollo, che profuma come il Basmati ma che non può avvalersi per ragioni di brevetto di questo appellativo. Un altro settore di ricerca è quello dei risi colorati (risi col pericarpo nero o rosso) e profumati come il Venere e l'Artemide con pericarpo nero, e l'Ermes con pericarpo rosso. Essendo la parte colorata del granello concentrata sulla parte esterna (pericarpo) sono risi che vanno consumati integrali, cioè non devono subire nessun processo di raffinazione come invece avviene per i risi bianchi normali.

Non è stato facile far conoscere e accettare ai consumatori le varietà colorate per una istintiva diffidenza verso i risi integrali, e per di più colorati. Si tratta comunque di un mercato di nicchia, riservato a pochi estimatori che confidiamo possano crescere.

the drier climate during the ripening phase results in a higher germinability of the seeds.

From the very first years of operation the cooperative met with the appreciation and approval of the rice growers, who were encouraged to buy the rice seeds by the reliability and professional precision of the members. This appreciation was demonstrated not only by Italian rice growers, but by most of the rice growers in the Mediterranean basin.

The research into new varieties began in the 1980s with the purpose – common to all the activities of rice research – of increasing the production per acre and improving resistance to fungal diseases of rice.

This was the functional and fruitful initial phase of the research into special types of rice, in which our principal aim was not related to the quantity of rice produced per acre but rather to the pursuit of other product characteristics and novelties. In Europe there is an increasingly greater consumption of varieties of aromatic rice originating from India or Pakistan, known as Basmati. The SA.PI.SE. has invested in these types of rice, creating the Apollo variety, which is as fragrant as Basmati, although for patent reasons it cannot use this name. Another research sector is that of coloured rices – with a black or red pericarp – and fragrant rices, such as Venere and Artemide with black pericarp, and Ermes with red pericarp. Since the coloured part of the rice grain is concentrated in the outer part (pericarp) these types of rice have to be consumed whole, that is without undergoing the polishing process performed to obtain ordinary white rice.

It wasn't easy to introduce the coloured rice varieties or get consumers to accept them in view of an instinctive wariness about whole rice in general, and coloured rice in particular. This is a niche market for just a small number of connoisseurs, although we are convinced that it will grow.

Claudio Cirio, produttore di alcune varietà
di riso, tra cui il Venere, in cui da subito
ha creduto, nonostante le difficoltà iniziali

Claudio Cirio, producer of different varieties of rice,
including Venere, that he believed in from the start
despite the initial difficulties

Claudio Cirio e la sua famiglia sono i titolari a Casalbeltrame, da sei generazioni, dell'Azienda Agricola "Falasco" – una denominazione che vuole esorcizzare la presenza di un'erba infestante, nota anche come "marisco", che cresce nelle paludi, e un tempo anche in queste zone, e pour cause assai temuta dai coltivatori di riso. Metà della produzione di "Falasco" è costituita da riso da vendersi per il consumo; l'altra metà è rappresentata dalla produzione di sementi, e l'azienda è dunque associata alla Cooperativa Agricola SA.PI.SE. – l'acronimo richiama il luogo in cui operano i coltivatori di sementi, in Sardegna e in Piemonte.

"SA.PI.SE. è attiva dal 1978: siamo quindici associati – i soci sardi sono vicino a Oristano e a Cabras, in terre che presentano condizioni favorevoli: il vento che là spira di frequente impedisce alle piante di riso di ammalarsi. I trecento ettari che ho a disposizione sono tutti coltivati a riso, sia destinato al consumo sia alla semina. Le ricerche in laboratorio per il miglioramento genetico del riso, e lo sviluppo e le sperimentazioni di nuove varietà – ottenute attraverso incroci di due diverse specie mediante lo spostamento di polline –, vengono messe alla prova sul campo, in piccoli riquadri l'uno accanto all'altro, nel nostro Centro di Ricerca a Borgo Vercelli. Ne verifichiamo l'esito in base ai parametri che ci interessano: ad esempio, lo sviluppo di varietà più basse.

'Falasco' produce per il consumo le varietà di Venere, Ermes, Apollo (un riso di tipo Basmati assai profumato), Carnaroli (il riso che tiene di più la cottura, anche se è difficile da coltivare raggiungendo anche altezze di 160 cm ed

For six generations Claudio Cirio and his family have owned the Azienda Agricola "Falasco". The name of the farm is intended to exorcise the presence of a weed called cladium mariscus, or swamp sawgrass, also known in Italian as 'falasco', which grows in bogs; in the past it grew in this area too, and for good reason was greatly feared by rice growers. Half of the 'Falasco' farm's production is made up of rice to be sold for consumption. The other half consists of seed production, which is why it is a member of the SA.PI.SE. agricultural cooperative, the initials of which refer to the regions where the seed producers operate, in Sardinia and in Piedmont.

"SA.PI.SE. has been in operation since 1978: there are fifteen of us, and the Sardinian members are located close to Oristano and Cabras in land with favourable climatic conditions, since the wind that frequently blows there protects the rice plants from disease. I grow rice on all the 300 hectares I have at disposal, both for consumption and for seed. The laboratory research for the genetic improvement of the rice, and the development and experimentation of new varieties – made by crossing two different species via the transport of pollen – is followed by testing in the field in small square plots next to each other in our Research Centre in Borgo Vercelli. We check the results based on the parameters we're interested in: for instance, the development of lower-growing varieties.

For consumption, 'Falasco' produces the varieties of Venere, Ermes, Apollo (a very aromatic, Basmati-type rice), Carnaroli (the variety that keeps its shape and consistency

essendo dunque soggetto all'azione del vento) e Arborio. Di Venere siamo uno dei produttori principali. Quanto alle sementi, produciamo anche altre varietà meno note.

Le varietà per il consumo che vendiamo di più sono, nell'ordine, Venere, Apollo e Ermes. Quando iniziammo, nel 1999, a cercare di vendere Venere, fu assai difficile entrare nel mercato. Avevo cominciato per primo a coltivare Venere, con 30 kg, dai quali, essendo la resa di trenta volte, avevo ottenuto 9 quintali, che subito riseminai, anche perché nessuno era interessato a quella varietà di riso. Cominciai a vendere Venere nella mia azienda; spedii 2.500 fax e feci 2.000 telefonate, ma i negozi in cui mi recai personalmente erano diffidenti, anche se proponevo di lasciare loro le confezioni in conto deposito. L'accoglienza fu diversa da parte di alcuni ristoranti, tra i più celebri (Gualtiero Marchesi di Milano e Sorriso di Borgomanero). Di Venere cominciò a parlare qualche giornalista che teneva rubriche di cucina. Gli stessi negozi che mi avevano chiuso la porta in faccia mi telefonarono per chiederlo. Tutti pensavano che, per fare diventare nero quel riso, si fossero utilizzati materiali non consoni, e quando fu evidente che il prodotto era assolutamente naturale il clima cambiò.

Le varietà di riso che produco per il consumo sono commercializzate nel nostro spaccio aziendale, in importanti negozi in tutta Italia e in alcuni paesi d'Europa (Germania, Francia, Inghilterra). Negli ultimi due anni è molto cresciuta la vendita online: spedisco direttamente le confezioni avvalendomi di varie aziende di trasporto. Come fiore all'occhiello, posso citare Eataly: sono stato il primo produttore di riso ad essere inserito nei suoi negozi.

Una percentuale dei ricavi ottenuti attraverso la vendita di Venere, Ermes e Apollo va a SA.PI.SE., che ha sviluppato quelle varietà, mentre altri due tipi di riso, Carnaroli e Arborio, che coltivo e commercializzo, non sono soggetti a

best in cooking, although it is difficult to grow because it can reach a height of up to 1.60 metres which makes it subject to wind) and Arborio. I am one of the principal producers of Venere rice. As for the seeds, we also produce other less well-known varieties.

The varieties for consumption that we sell most of are, in order, Venere, Apollo and Ermes. When we began to sell Venere in 1999 it was very difficult to penetrate the market. I was the first to grow Venere, starting with 30 kilos which, with a 30-fold yield, gave me 9 quintals, which I immediately sowed again, also because nobody was interested in that variety of rice. I began to sell Venere in my company. I sent out 2,500 faxes and made 2,000 phone calls, but the shops that I visited in person were sceptical, although they did suggest that I leave the packs with them on consignment. I got a different reception from several restaurants, some of the most famous ones (Gualtiero Marchesi in Milan and Sorriso in Borgomanero). A few journalists with cookery columns began to talk about Venere. The very shops that had closed the door in my face started calling me to order it. Everybody thought that inappropriate materials were used to make the rice black, and when it became clear that the product was totally natural, the atmosphere changed.

The varieties of rice that I produce for consumption are sold in our farm shop and in leading stores throughout Italy and in several other European countries (Germany, France and England). Online sales have increased greatly over the last two years: I ship the goods directly, using the services of various transport companies. As the feather in our cap I can mention Eataly: I was the first rice grower whose products were introduced into its shops.

A percentage of the income from the sale of Venere, Ermes and Apollo goes to SA.PI.SE., which developed these varieties, while another two types of rice that I grow

royalty, essendo varietà di pubblico dominio. SA.PI.SE. ha firmato di recente un accordo con Risi Scotti per la vendita anche a loro di Venere: del resto, sono convinto che più che pensare a una commercializzazione da soli, esclusiva, sia meglio avere vari canali di distribuzione.

Quanto alle tecniche di coltivazione, seminiamo in asciutto, di solito ai primi di aprile, e dopo un mese facciamo arrivare l'acqua. Anche chi adotta la tecnica della semina in acqua, lascia germinare il riso e dopo 10-15 giorni prosciuga il campo. Questo metodo determina una conseguenza sulla presenza delle rane, peraltro assai ridottasi rispetto a un tempo: quando si toglie l'acqua, i girini che sono nati nel frattempo muoiono e le poche rane che rimangono vengono catturate, mentre saltellano, dagli aironi, presenti a centinaia nella nostra zona. Anche quando ariamo i campi, e si gira la terra, gli aironi accorrono voraci a mangiare le rane in letargo e i vermetti che vivono nel terreno".

and market – Carnaroli and Arborio – are not subject to royalties since they are varieties in the public domain. SA.PI.SE. recently signed an agreement with Risi Scotti to sell Venere to them too. I am, moreover, convinced that it's better to have a variety of distribution channels rather than individual, exclusive marketing.

As regards the cultivation techniques, we dry-sow the seeds, usually at the beginning of April, and after a month we flood the soil. Even those who use the water-sowing technique allow the rice to germinate and after 10-15 days dry out the field. This method has an effect on the presence of frogs – which are actually much less numerous than they were in the past – when we drain off the water the tadpoles that were born in the interim die and the few frogs that remain are captured as they jump by the herons, which are present in their hundreds in this area. Even when we plough the fields and turn the earth, the voracious herons immediately arrive to eat the hibernating frogs and the little worms that live in the soil."

Luigi Tamborini: L'azione del CREA
per la certificazione delle varietà di riso coltivate

Luigi Tamborini: The work of the CREA
for the certification of the varieties of rice grown

Il CREA (Consiglio per la ricerca in agricoltura e l'analisi dell'economia agraria) è l'Ente che fa capo al Ministero dell'Agricoltura e che si occupa delle certificazioni e del registro di tutte le specie di interesse agrario. Affinché una varietà per la produzione agricola venga messa in commercio deve superare test biennali di campo e di laboratorio per verificarne la differenziabilità, l'omogeneità e la stabilità, ed inoltre deve presentare caratteristiche agronomiche favorevoli. Nella mia qualità di primo tecnologo del CREA Difesa e Certificazione di Vercelli sono responsabile sia delle prove descrittive sia delle prove agronomiche per la specie riso. Va premesso che solo in Italia c'erano, a fine 2020, 239 varietà di riso iscritte sul registro, alle quali dobbiamo aggiungere circa un altro centinaio di varietà che, essendo iscritte in Europa, possono essere coltivate in tutta la Comunità Europea. Una volta che una varietà viene iscritta, il seme di quella specifica, particolare varietà può essere certificato e venduto. Le certificazioni – sia in campo sia in laboratorio – devono essere corrispondenti a quelle previste dalla legge. I requisiti minimi essenziali sono quelli della germinabilità, della purezza, della presenza entro certi limiti massimi di semi estranei, dell'assenza di malattie trasmissibili attraverso il seme.

In Italia certifichiamo ogni anno 400-450.000 quintali di semi di riso appartenenti a circa 150 varietà; di esse, le prime 20 detengono il 70-75% del mercato. Il Decreto Legislativo 4 agosto 2017, n. 131, con le disposizioni relative al mercato interno del riso, è gestito dall'Ente Nazionale Risi – ricordiamo che il riso è l'unica specie agricola che si avvale di

The CREA (Council for Agricultural Research and Economics) works under the Ministry of Agriculture and deals with the certification and registration of all species of agricultural interest. Before a variety for agricultural production can be marketed, it has to pass biennial field and lab tests to confirm its differentiability, homogeneity and stability, as well as demonstrating favourable agronomic features. In my capacity as the chief technologist of the CREA Plant Protection and Certification of Vercelli, I am in charge of both the descriptive and agronomic tests for the rice species. Firstly it needs to be said that, at the end of 2020 there were 239 varieties of rice listed in the register, in addition to around another hundred varieties which, since they are listed in Europe, can be grown throughout the European Community. Once a variety is listed, the seed of that specific, particular variety can be certified and sold. The certifications – both in the field and in the laboratory – must correspond to those prescribed by law. The minimum essential requirements are germinability, purity, the presence of extraneous grains within certain maximum limits and the absence of diseases that can be transmitted through the seed.

In Italy every year we certify 400,000-450,000 quintals of rice seed belonging to around 150 different varieties, of which the first 20 account for 70-75% of the market. Legislative Decree no. 131 of 4 August 2017, which contains provisions relating to the domestic rice market, is managed by the National Rice Authority (Ente Nazionale Risi), rice actually being the only agricultural species that has its own specific authority.

un Ente proprio, specifico. Si può dire che le tre province di Novara, Vercelli e Pavia siano il territorio fondamentale per la produzione del riso in Italia, il cuore della risicoltura italiana: su un totale di 240.000 ettari coltivati a riso, le tre province ne contano 210.000 – cent'anni fa eravamo a 180.000 ettari. Altre coltivazioni di riso le troviamo nelle province di Ferrara e di Rovigo, in Sardegna e in Toscana; una qualità assai nota, quella del Vialone nano, è coltivata soprattutto nelle province di Mantova e di Verona. L'assoluta prevalenza di Novara, Vercelli, Pavia non è solo legata a tradizioni storiche, all'antico retaggio delle paludi trasformate in risaie, ma alle caratteristiche stesse del terreno, che non consentirebbe altre coltivazioni. S'aggiunga che il riso è una delle produzioni che assicura un buon reddito, superiore in molte zone a quello ottenibile con il grano o altre colture. Le varietà di riso che negli ultimi anni vengono presentate per essere iscritte nel registro hanno una taglia (altezza della pianta) più piccola, quindi meno soggetta ai capricci del vento. Inoltre si punta a varietà antiche che vengono riscoperte e a varietà più precoci, in modo da ottenere cicli più corti di produzione. Il riso si semina da metà aprile a fine maggio e si raccoglie da inizio settembre a fine ottobre; le varietà hanno un ciclo colturale (da semina a raccolto) che può andare dai 130 giorni per le più precoci a 160 giorni per le cultivar più tardive. Negli ultimi dieci anni sono state pure introdotte varietà "Clearfield", che permettono di eliminare la presenza di infestanti, con uno o due passaggi di un singolo diserbante. Negli USA vengono prodotti pure da alcune multinazionali degli ibridi, ma ad oggi la loro produttività non ne giustifica il costo negli areali europei.

La vera novità degli ultimi anni sono le varietà con pericarpo colorato e quelle con caratteristiche aromatiche, profumate – risale al 1997 l'iscrizione nel registro nazionale del riso Venere.

The three provinces of Novara, Vercelli and Pavia can be considered the crucial territory for rice production in Italy, the heartland of Italian rice growing. Out of a total of 240,000 hectares of rice crops, these three provinces account for 210,000; a hundred years ago it was 180,000 hectares. Other rice growing areas are in the provinces of Ferrara and Rovigo, in Sardinia and in Tuscany. A very well-known variety, that of the Vialone nano, is grown primarily in the provinces of Mantua and Verona. The absolute predominance of Novara, Vercelli and Pavia is not linked only to historic traditions, to the ancient heritage of marshes transformed into paddy fields, but also to the very characteristics of the soil, which would not permit the growth of other crops. In addition, rice is one of the productions that guarantees a good revenue, in many areas higher than that to be obtained from wheat or other crops. In recent years, the varieties of rice that are submitted to be listed in the register are smaller in terms of the height of the plant, and hence less subject to the quirks of the wind. There is also a tendency to favour the rediscovery of old varieties, as well as early varieties that have shorter production cycles. Rice is sown from mid-April to mid-May and is harvested from the beginning of September to the end of October. The different varieties have a cultivation cycle (from sowing to harvest) ranging from 130 days for the early varieties to 160 days for the late cultivars. Over the last ten years 'Clearfield' varieties have also been introduced, making it possible to eliminate weeds with one or two applications of a single herbicide. In the United States even hybrids are being produced by some multinationals, but to date their productivity doesn't justify the cost in European areas.

The true novelty of recent years are the varieties with coloured pericarps and those with aromatic, fragrant qualities. The inscription of the Venere variety in the national register dates to 1997.

Giuseppe Caresana, Presidente del Consorzio che fornisce acqua alle risaie: "Lavoriamo di cesello per soddisfare tutte le richieste"

Giuseppe Caresana è stato, fino a qualche anno fa, attivo nella coltivazione di riso e nell'allevamento di vacche da latte – "riso e latte", così sintetizza con ironia la propria attività. Tuttavia, nella sua qualità di Presidente del Consorzio denominato Associazione Irrigazione Est Sesia – incarico che ricopre da 23 anni – è tuttora immerso nei problemi della risicoltura.

"Quando si è proprietari di un terreno agricolo, si ha bisogno di acqua, ed è naturale costituire un Consorzio. Occorre reperire l'acqua dove c'è e, per quanto riguarda il nostro territorio, portarla alle risaie. L'acqua arriva da lontano, e dunque viaggia, prima attraverso il Po e poi nel Canale Cavour (da Chivasso a Galliate, dove confluisce nel Ticino), costruito centosessant'anni fa per portare acqua al Novarese e alla Lomellina. Purtroppo i ghiacciai si stanno riducendo, e la cosa è, anche per noi, una preoccupazione costante. Altra acqua la prendiamo dal Lago Maggiore, un grande bacino internazionale e interregionale. Per avere l'acqua a disposizione ci sono stati nei secoli lavori fatti dalle autorità pubbliche, dai Consorzi e dai singoli contadini, che per centinaia d'anni hanno livellato dossi non irrigabili e prosciugato acquitrini ostili a ogni coltivazione agricola: volontà e avvedutezza dei contadini e dei Consorzi hanno fatto sì che oggi la situazione sia buona, che le acque possano essere distribuite agli agricoltori. Il nostro territorio è vocato alla produzione di riso – un tempo c'erano pure le marcite e le coltivazioni di mais, ora in parte riprese, non per uso alimentare, ma per ottenere biogas – e per metà riusciamo ad irrigarlo.

Giuseppe Caresana, Chairman of the consortium that supplies water to the paddy fields: "We work with the utmost precision to meet all demands"

Up to a few years ago Giuseppe Caresana worked in rice growing and the breeding of dairy cattle – "rice and milk" as he ironically sums up his activity. Nevertheless, in his capacity as Chairman of the Associazione Irrigazione Est Sesia consortium – a position he has held for 23 years – he is still immersed in the specific issues of rice production.

"When you own agricultural land you need water and it's natural to set up a consortium. You have to go to where the water is and then – as far as our territory is concerned – bring it to the paddy fields. The water comes from a distance and so it has to travel, first through the Po and then in the Cavour Canal (from Chivasso to Galliate, where it flows into the Ticino), which was built one hundred and sixty years ago to bring water to the province of Novara and to Lomellina. Unfortunately the glaciers are melting and for us too this is a constant concern. We get other water from the Lake Maggiore, a great international and interregional basin. In order to have water at disposal, works have been carried out over the centuries by public authorities, consortiums and individual farmers, who for hundreds of years have flattened non-irrigable hillocks and dried out marshes hostile to agricultural cultivation. The willpower and farsightedness of the farmers and the consortiums is the reason why the situation is now good, and the water can be distributed to the growers. Ours is a territory devoted to rice production – once upon a time there were also water meadows and corn crops, now partly resumed not for foodstuffs but to obtain biogas – and we succeed in irrigating about half of it.

Gli agricoltori soci del Consorzio si ripartiscono i costi: la suddivisione è definita dai quantitativi d'acqua somministrati e dalla superficie da irrigare. Gli agricoltori più piccoli si sono raggruppati in distretti, mentre le grandi aziende si gestiscono da sole l'acqua loro necessaria. Possiamo dunque dire in sintesi che compito del nostro Consorzio è quello di trovare l'acqua, distribuirla a chi ne ha bisogno, e infine ripartire i costi. A questo proposito, occorre ricordare che arriviamo ad avere anche 300 dipendenti, che ci sono lavori di manutenzione da svolgere – quelli dei Canali sono a carico dello Stato – e che gli ettari interessati sono 334.000. Gli agricoltori associati sono alcune migliaia; il nostro bilancio annuale è di 25-30 milioni di euro.

Se piovesse una volta alla settimana il nostro compito sarebbe semplice; se la pioggia arrivasse tutti i giorni la cosa si farebbe assai complicata. La siccità, che spesso dobbiamo affrontare, comporta un lavoro di cesello, quasi sartoriale, spostando l'acqua e facendola arrivare dove necessita.

Nell'attuale situazione in cui l'acqua diventa sempre più importante, un bene raro, dobbiamo migliorare la rete, evitare le perdite d'acqua; per conseguire questo obiettivo il sistema delle zone ci aiuta: 1/3 dell'acqua immessa viene recuperata attraverso i fontanili, le risorgive.

Oltre ai soci che usano l'acqua per l'irrigazione delle loro coltivazioni agricole, abbiamo anche circa 50 impianti industriali che producono energia elettrica: l'acqua serve per fare girare le turbine, e per il loro raffreddamento – quest'attività si svolge ormai in pianura, giacché anche con un piccolo salto dell'acqua si riesce ad azionare le turbine – e poi viene destinata all'irrigazione. Infine, non posso non ricordare che tra Cassolnovo e Cerano, sul Ticino, la nostra acqua arriva ad un allevamento di storioni, dove si produce il caviale: lo consideriamo una sorta di fiore all'occhiello".

The farmer members of the consortium divide the costs among them, broken down by the amount of water supplied and the surface area to be irrigated. The smaller farmers are grouped by districts, whereas the larger enterprises manage the water they require independently. In sum, we could say that the task of our consortium is to find the water, distribute it to those who need it, and then divide the costs. Apropos this, I should also mention that we have 300 employees, that there are maintenance works that need to be carried out – those of the Canal are paid for by the state – and that the amount of land involved is 334,000 hectares. The farmer members number several thousand and our annual budget is around 25-30 million euro.

If it were to rain once a week our task would be easy; if it rained every day things would become very complicated. The drought, which is something we frequently have to address, calls for an operation of the utmost precision, almost tailored, moving the water and ensuring that it arrives where it is needed.

In the current situation, in which water is increasingly important and a rare resource, we have to improve the network and avoid loss of water. The zone system helps us to achieve this: 1/3 of the water delivered is retrieved through the springs.

In addition to the members who use the water to irrigate their crops, we also have around 50 industrial plants that produce electricity: the water is used to turn the turbines and to cool them. Nowadays this activity is carried out in the plain, since it only takes a small fall of the water to operate the turbines, after which it is destined to irrigation. Finally, I must also mention that between Cassolnovo and Cerano, on the Ticino, our water also supplies a sturgeon farm where caviar is produced: we see this as a sort of feather in our cap."

"La Mondina": **Cristina Guidobono Cavalchini** porta il "Riso Buono" da Casalbeltrame nel mondo

"La Mondina": **Cristina Guidobono Cavalchini** brings "Riso Buono" (Good Rice) from Casalbeltrame to the world

Ha qualcosa di epico, di leggendario, il rapporto di Cristina Guidobono Cavalchini con Casalbeltrame e il riso. Quella che è quasi una storia di altri tempi inizia sei anni fa: a Cristina, commercialista romana, attiva a Roma nel settore immobiliare e a Londra come giornalista economica, il suocero chiede di recarsi nella sperduta Casalbeltrame per un sopralluogo nella tenuta di famiglia. Quella che era stata un'antica, splendida cascina le appare come un rudere, con le 122 finestre malconce, i tetti prossimi a collassare e i campi in buona parte abbandonati a se stessi. Rimettere in piedi la proprietà, e ripristinare la produzione di riso, come le viene chiesto, le appare come un'impresa improba, temeraria, e Cristina torna a Roma determinata a rinunciare alla sfida. Tuttavia, alla fine, anche per volontà della famiglia, decide di accettare quella che subito le era sembrata come una mission impossible. Nonostante la sua cultura in materia sia assai limitata, Cristina si rimbocca le maniche e inizia, con grande umiltà, il lavoro di ripristino della cascina e di messa a coltura del riso nei campi di proprietà.

"Pensando al riso che volevo mettere a coltura, mi sono orientata sul Carnaroli, o meglio il Carnaroli classico, perché volevo il miglior riso per i risotti, almeno per me". *Nella zona è una varietà raramente prodotta, giacché si ritiene che il territorio non sia vocato, ma Cristina non si arrende: affiancata da un agronomo, inizia a coltivarlo, recuperando molte tecniche antiche: la pratica delle rotazioni (possibili, estendendosi la tenuta per 200 ettari), la scelta di concimi organici e naturali, l'accurata selezione del seme e la pratica della semina in acqua, "per fare sì che la pianta guadagni*

There's something epic, legendary, about the relationship of Cristina Guidobono Cavalchini with Casalbeltrame and rice. What is almost like a story from bygone times began about six years ago. Cristina, an accountant from Rome who worked in the real estate sector in Rome and in London as an economic journalist, was asked by her father-in-law to visit the remote town of Casalbeltrame to do a survey of the family estate. What had once been a splendid old farmhouse appeared before her like a ruin, with 122 windows in terrible repair, roofs about to collapse and the fields largely left to run wild. Getting the property repaired and the rice production up and running again seemed to her like an impossible and reckless enterprise, and she returned to Rome determined to throw in the towel. But in the end, partly to comply with the family's wishes, she decided to accept what had seemed to her at the time like a mission impossible. Despite having practically no experience in the sector, Cristina rolled up her sleeves and, with great humility, set about renovating the farmhouse and recommencing rice production on the family estate.

"Thinking about the rice I wanted to grow, I decided on Carnaroli, or rather the classic Carnaroli, because I wanted the best rice for making risotto, at least for me." *This is a variety rarely produced in the area, because the soil is not considered suitable, but Cristina didn't give up. With the assistance of an agronomist she began growing Carnaroli rice, also bringing many traditional techniques back into use. These included crop rotation (made possible by the*

più nutrimento dal terreno". *Particolare attenzione viene rivolta alla lavorazione, anch'essa non invasiva: una sbiancatura leggera, "perché", sostiene Cristina, "un riso troppo bianco non è sinonimo di bontà, e anzi facilmente avrà perso buona parte delle caratteristiche organolettiche originali. Il nostro riso subisce una pilatura a pietra molto soft, in modo da non intaccare la gemma. E vengono tolte praticamente tutte le rotture.*

Quanto alle varietà coltivate, oltre al Carnaroli classico, produciamo anche l'Artemide, varietà che ho chiesto a SA.PI.SE., frutto dell'incrocio naturale tra il riso Venere (a granello medio e pericarpo nero) e una varietà tipo Indica, un Basmati con chicco affusolato, stretto e pericarpo bianco: un riso profumato, dall'aroma intenso e gradevole, che possiede speciali proprietà organolettiche e antiossidanti.

Nella nostra produzione siamo coerenti con le linee dettate da Slow Food; collaboriamo con l'Università di Scienze Gastronomiche di Pollenzo: 'Riso Buono' è fornitore ufficiale dell'Ateneo ed è uno dei protagonisti nell'attività accademica, sia per le degustazioni nei Corsi di Laurea, sia per il Laboratorio di Analisi Sensoriale e per la Scuola di Cucina.

Fin dall'inizio, la nostra ambizione era diventare un'azienda a ciclo chiuso, dove gli sprechi sono ridotti al minimo: dalle rotture dei chicchi del Carnaroli e dell'Artemide ricaviamo due farine, molto apprezzate dal mercato, ideali per chi ha intolleranze, o per chi voglia realizzare una panificazione particolare. Facciamo tutta la filiera dello 'spreco zero'; con il riso rotto facciamo prodotti con diversi tempi di cottura; con un mulinetto artigianale facciamo farine di riso, dolci, grissini, biscotti, prodotti per i celiaci. Insomma, riutilizziamo tutto e non sprechiamo nulla. Qui c'è molta elettronica e poca carta.

fact of having 200 hectares of farmland), the choice of natural, organic fertilisers, the careful selection of the seeds and the practice of sowing the seed in water, "so that the plant takes more nourishment from the soil". Special attention is also devoted to the processing, again non-invasive: a light whitening because, as Cristina explains, "a rice that's too white is not synonymous with goodness, and it is actually likely to have lost most of its original sensorial characteristics. Our rice undergoes a very soft stone husking, so that the grain is not damaged, and practically all the broken grains are removed.

As regards the varieties grown, in addition to classic Carnaroli, we also produce Artemide, a variety that I requested from SA,PI.SE. that is the result of a natural cross between Venere rice (medium-grain with a black pericarp) and an Indica-type variety, a Basmati with a long, slender grain and a white pericarp. Artemide is an aromatic rice with an intense and pleasant fragrance that has special sensory and antioxidant properties.

In our production we comply with the Slow Food guidelines; we also collaborate with the University of Gastronomic Sciences in Pollenzo: "Riso Buono" is the university's official supplier and plays a leading role in the academic activity, both for tastings in the degree courses and in the Sensory Analyses Laboratory and the Cookery School.

From the very beginning our ambition was to become a closed-cycle enterprise, with waste reduced to a minimum. We use the broken grains of Carnaroli and Artemide to make two types of flour that are greatly appreciated on the market, ideal for those who suffer from intolerances or who want to make special breads. The entire production chain is zero waste: the broken rice grains are used to make products with different cooking times; using an ar-

'La Mondina' cura con particolare attenzione il packaging: vasi di vetro (prodotti da Bormioli), materiale principe per i prodotti alimentari perché non rilascia alcuna sostanza contaminante e, essendo trasparente, fa immediatamente vedere al consumatore il prodotto che sta per comprare. Il nostro riso – che non casualmente reca il marchio di 'Riso Buono' – lo si può trovare nei ristoranti di alta gamma ed è destinato pure a chi ami cucinare un prodotto d'eccellenza. Oltre che nello spaccio aziendale, il nostro riso lo si trova: alla Rinascente; da Castroni, e da Beppe e i suoi formaggi, a Roma; nella grande catena (42 punti vendita con prodotti alimentari italiani) di Neiman Marcus negli USA; da Bloomingdale nella 59th Street di New York".

Ecco come il riso porta Casalbeltrame, e queste terre, nel mondo.

tisan mill we make rice flour and cakes, breadsticks and biscuits and products for people with celiac disease. In a word, we reuse everything and waste nothing. We use a lot of electronics and very little paper.

'La Mondina' pays particular attention to packaging: glass jars (made by Bormioli), are the principal material for foodstuffs because they don't release any contaminants and, being transparent, consumers can immediately see the product they are about to buy. Our rice – which not incidentally bears the 'Riso Buono' trademark – can be found in top-level restaurants and is destined to all those who like cooking with excellent ingredients. As well as being sold in the farm shop, our rice can also be found at Rinascente; at Castroni, and at Beppe e i suoi formaggi in Rome; in the stores of the major Neiman Marcus chain (42 shops selling Italian foodstuffs) in the USA; and at Bloomingdale's on 59th Street in New York."

This is how rice brings Casalbeltrame, and these territories to the world.

NADO CANUTI

OPERE / WORKS

MASSIMO CANUTI

RACCONTI / TALES
IL CICLO DEI SOGNI ERRANTI

MASSIMO CANUTI
Il ciclo dei sogni erranti

"Siam fatti della materia di cui son fatti i sogni" diceva il sommo poeta, William Shakespeare. Già, ma qual è mai questa misteriosa materia?

Nado Canuti sembra conoscere benissimo la risposta. Per lui tale materia è il ferro. Sorprende che un tema così etereo, così ineffabile come è quello del mondo onirico, sia sostanziato da un elemento così rigido, così pesante qual è, per l'appunto, il materiale ferroso. Ma è proprio grazie a questa intuizione – quella cioè di assegnare un peso alla leggerezza – che i sogni non svaniscono più, ma, al contrario, sono destinati a durare in eterno. A essere ammirati, oltre che con gli occhi chiusi, anche con gli occhi aperti. Ma chi popola questi sogni? Personaggi fantastici che vivono vite simili a quelle umane, soffrono, sperano, provano gioie e dolori. E, anche loro, sognano. Una dimensione altra, quella rappresentata in queste opere. Altra da noi, eppure così vicina. Sognare ad occhi aperti, si può.

MASSIMO CANUTI
The Cycle of the Wandering Dreams

"We are such stuff as dreams are made on" wrote the great poet William Shakespeare. Indeed, but what on earth is this mysterious "stuff"?

Nado Canuti seems to know the answer very well. For him, this stuff is iron. It's surprising that such an ethereal, ineffable subject as the world of dreams should be materialised in such a hard and heavy material as iron. It is, however, precisely through this intuition – namely that of giving weight to lightness – that the dreams will no longer vanish but are instead destined to last for ever. To be admired, not just with the eyes closed but also with the eyes open. But who populates these dreams? Fantastic characters who live lives similar to those of humans: suffering, hoping, feeling joy and pain. And they too dream. What is represented in these works is another dimension. Other than ours and yet very close. Daydreaming is possible.

Canto alla luna

Una volta una donna vide che in cielo c'era la luna piena. Qualche giorno più tardi, alzando di nuovo lo sguardo, si accorse che alla luna mancava un pezzo. Tutti la sentirono gridare, preoccupata: "Qualcuno vuol rubare la luna!"

Lei però rispose: "Ho donato un po' della mia luce alle stelle, perché anche loro possano risplendere".

Passarono altri tre giorni, e la donna si accorse, con sgomento, che la luna era ancora più piccola. Avanti di questo passo e di lei non resterà nulla, pensò. Ma dopo circa quindici giorni la luna cominciò a ricomporsi: evidentemente le stelle avevano deciso di restituire ciò che la luna aveva dato loro. E quando alla fine tornò piena, la donna le dedicò una canzone. E così fece ogni mese.

Song to the Moon

Once upon a time a woman saw that there was a full moon in the sky. A few days later, when she looked up again she noticed that there was a piece missing from the moon. She was worried and everyone could hear her shouting, "Someone is trying to steal the moon!"

But the moon replied, "I have given some of my light to the stars, so that they too can shine."

Another three days passed and the woman realised, to her dismay, that the moon was even smaller. If things go on like this, she thought, soon there'll be nothing left at all. But after about two weeks the moon began to grow again: evidently the stars had decided to give back what the moon had lent them. And when, finally, the moon became full again, the woman offered up a song to it, and afterwards every month she would do the same.

Aspettando la sua luna

La donna si distese nel suo letto, aspettando che arrivasse la notte e con essa il sonno.

Ma nel cielo brillava una luna piena e così luminosa da non riuscire ad addormentarsi. Così rimase sveglia più del solito, a contemplare il chiarore del cielo.

Ne ammirò le mille sfumature, i delicati toni di rosa, arancione e viola. Lo trovò così bello, che quel giorno la notte sembrò non giungere mai, ma quando alla fine arrivò, fu più dolce e chiara del solito.

Waiting for her Moon

The woman lay down on her bed, waiting for night to come and with it, sleep.

But there was a full moon shining in the sky, and it was so bright that she couldn't fall asleep. And so she stayed awake longer than usual, contemplating the moonlit sky, admiring the myriad nuances of the light, the delicate shades of pink, orange and violet.

She found it so beautiful that it seemed as though the night would never fall, but when in the end it did come, it was sweeter and brighter than usual.

Richiamo

Le due sorelle Greta e Marilù stavano passeggiando al calar della sera, quando si imbatterono in uno strano uccello. Aveva il petto molto colorato, e un curioso ciuffo in testa.

Chi sei? domandò Greta.

"Gli uccelli non parlano" disse Marilù.

Invece quello strano volatile aprì il becco e disse: "Io sono l'uccello del giorno. Il mio petto è rosso, perché si è bruciato al sole. E il ciuffo è blu, perché per spegnerlo sono sceso nell'oceano."

Greta e Marilù tornarono a casa, e non dissero a nessuno del loro strano incontro. Ma ogni volta che guardavano un'alba, o si tuffavano nell'acqua, non potevano fare a meno di pensare a quello strano uccello dal petto rosso e il ciuffo azzurro.

Recall

Two sisters, Greta and Marilù, were walking as dusk fell when they came across a strange bird. It had a brightly-coloured breast and a strange tuft of feathers on its head.

"Who are you?" asked Greta.

"Birds can't talk," replied Marilù.

But actually the strange bird opened its beak and said, "I am the bird of daytime. My breast is red because it was burned by the sun. And the tuft on my head is blue because I dived into the ocean to put out the fire."

Greta and Marilù went back home, but they didn't tell anyone about their strange meeting. However, every time they looked at the dawn or dived into water, they couldn't help thinking about the strange bird with the red breast and the blue crest.

Riverenti

L'albero che cresceva nel giardino era magico. Era magico perché al posto dei fiori sbocciavano uccelli.

Nascevano in primavera. In estate le loro piume, colorate come petali, brillavano al sole.

In autunno, si tingevano di grigio.

Ma ai primi freddi, anziché cadere come ogni fiore, si staccavano e volavano via via.

Quello era un albero magico. E chiunque vi si imbattesse non poteva che inchinarsi di fronte a quel prodigio della natura.

Reverence

The tree that grew in the garden was magic. It was magic because, instead of becoming flowers, the buds became birds.

They were born in the spring. In the summer their feathers, brightly coloured as petals, glittered in the sun. In autumn they became tinged with grey.

But when the first cold weather arrived, instead of falling off like any other flowers, they detached themselves and flew far away.

That was a magic tree. And whoever came across it simply had to bow down before this prodigy of nature.

Azzurro

Un giorno una donna di nome Sole sognò un uomo. Alzò il volto al cielo e con il dito disegnò il suo profilo. Cominciò dal naso, poi salì, disegnando la fronte. Immaginò di ritagliare un pezzo di cielo.

Il giorno dopo, quando aprì gli occhi, vide che di fronte a sé c'era un uomo. Era completamente azzurro. E lo riconobbe. Era la sagoma che aveva ritagliato dal cielo. Da allora non ci fu mai più Sole, senza Azzurro.

Blue

One day a woman whose name was Sun dreamt of a man. She raised her face to the sky and, with a finger, she traced out his profile. She began with the nose and then went upwards, drawing the forehead. She imagined cutting out a piece of the sky.

The next day, when she opened her eyes she saw a man in front of her. He was completely blue. And she recognised him. He was the shape she had cut out of the sky. Since then, there was never Sun again without Blue.

Il figlio del cielo nel paese dell'immaginario

La donna sapeva che quell'uccello non era un semplice uccello, ma una creatura misteriosa, venuta da chissà dove.

Si diceva che sapesse predire il futuro. Le persone gli si avvicinavano, pensando che fosse tutto un trucco. Che magari dietro vi fosse nascosto un suggeritore. E ogni volta erano costrette a ricredersi.

Così accadde anche quel giorno.

"Buongiorno, creatura misteriosa".

"Buongiorno, donna" gracchiò l'uccello sull'albero.

"Sono venuta per chiederti una cosa".

"Non sei la prima e non sarai l'ultima. Ti ascolto".

La donna si piegò sulle ginocchia, come di fronte a un dio.

"Ho conosciuto un uomo, di cui mi sono innamorata. Avrò un figlio da lui?"

"Lo hai già avuto" rispose l'uccello.

La donna si alzò in piedi, meravigliata.

"Che cosa significa?"

"Lo hai già avuto" ripeté l'uccello.

La donna si mise le mani alla bocca, per soffocare un grido di stupore.

"Un tempo, prima ancora di nascere, eri una bellissima colomba" le spiegò l'uccello. "Volasti su in alto, fino a una nuvola, dove era appollaiato il re degli uccelli. Mio padre".

La donna cominciò a tremare.

"Vuoi dire che..."

"Sì, io sono tuo figlio. Il figlio di una creatura celeste".

Quando tornò dall'uomo che amava, lui le chiese con un sorriso sarcastico sulle labbra: "Allora, sentiamo un po'. Che ti ha detto? Nostro figlio sarà un maschio o una femmina?"

La donna non parlò. Restò muta.

Quando alla fine aprì bocca, disse:

"Non avrò nessun figlio con te, perché sei un uomo senza convinzioni".

E lo lasciò per sempre...

The Son of the Sky in the Land of the Imagination

The woman knew that that was no ordinary bird, but a mysterious creature than had come from who knows where.

It was said that it could predict the future. People would approach it, thinking that it was all a trick. That perhaps there was a prompter hidden behind it. But every time they were forced to change their minds.

This is what happened that day too.

"Good morning, mysterious creature."

"Good morning, woman," replied the bird in the tree.

"I've come to ask you something."

"You're not the first and you won't be the last. I'm listening."

The woman knelt down, as if she were in front of a god.

"I have met a man and I have fallen in love with him. Will I have a child by him?"

"You have already had it," replied the bird.

The woman stood up again, taken aback.

"What do you mean?"

"You have already had it," repeated the bird.

The woman covered her mouth with her hands, stifling a cry of wonder.

"Once upon a time, before you were born, you were a beautiful dove," explained the bird. "You flew up on high, up to a cloud, perched on which was the king of the birds. My father."

The woman began to tremble.

"You mean that..."

"Yes, I am your son. The son of a celestial creature."

When the woman returned to the man she loved, he asked her with a sarcastic smile on his lips, "Well, let's hear now. What did it tell you? Shall we have a son or a daughter?"

The woman didn't reply. She stayed silent.

When, in the end, she did open her mouth she said, "I will not have any child with you, because you are a man without convictions."

And she left him for ever...

Solitudine

C'era una volta un albero su cui nessun uccello osava posarsi perché era diverso dagli altri. Era senza rami, senza fronde. Insomma, non sembrava neppure un albero. Un giorno, il signore dell'immaginario guardò giù, e disse: "Per un albero così, c'è bisogno di un uccello speciale, che gli dia riscatto e bellezza che merita, affinché tutti gli uccelli possano su di lui posarsi".

Così ritagliò due pezzi di cielo. Li cucì insieme, usando per fili due raggi di sole, quindi vi soffiò dento il vento. Dopodiché vi attaccò due piume di fenice. La creatura che ne uscì era un uccello bellissimo.

"Va' nel mondo degli uomini, e posati su quell'albero solitario" disse il signore dell'immaginario.

L'uccello obbedì. Aprì le ali e planò giù, posandosi proprio su quell'albero senza fronde e rami.

Una sera, un uomo gli si avvicinò.

"Sei vero o sei solo il frutto della mia immaginazione?" domandò l'uomo all'albero. "Passo di qui tutti i giorni e tutte le notti, e giuro che non ho mai visto nessun uccello posarsi su questo albero".

Non solo c'era proprio un uccello, là sull'albero, ma era anche un uccello parlante. Tanto che rispose all'uomo. "Mi ha mandato qui il signore dell'immaginario, perché l'albero non si sentisse troppo solo…"

Il giorno dopo una folla incredula si riversò di fronte all'albero e a quell'uccello. Da allora non vi fu uomo, donna o bambino che almeno una volta nella vita non avesse trascorso qualche minuto sotto quell'albero, diventato oggetto di culto e ammirazione per la bellezza e varietà di uccelli che ora ospitava.

Solitude

Once upon a time there was a tree that no bird dared to perch on because it was different from the others. It had no branches and no foliage. In short, it didn't even look like a tree. One day the lord of the imagination looked down and said, "A tree like that needs a special bird that can give it the redemption and beauty it deserves, so that all the birds can perch on it."

And so he cut out two pieces of the sky. Then he stitched them together, using two rays of sun as thread, and then he blew the wind into it. After this he attached two phoenix feathers. The creature that emerged was a most beautiful bird.

"Go into the world of men and perch upon that solitary tree," said the lord of the imagination.

The bird obeyed. It opened its wings and glided down, settling on that very tree without branches or leaves.

One evening, a man approached.

"Are you real or are you only a figment of my imagination?" the man asked the tree. "I pass this way every day and every night, and I can swear that I have never seen any bird perch in this tree."

Not only was there really a bird there in the tree, but it was also a talking bird. And indeed, it replied to the man. "I have been sent here by the lord of the imagination so that the tree would not feel too lonely…"

The next day, a crowd of incredulous people arrived to gaze at the tree and the bird. Since then there has been no man, woman or child who, at least once in their life, did not spend a few minutes beneath that tree, which became an object of worship and admiration for the beauty and variety of the birds who now lived in it.

Una nuova casa

Un giorno il signore dell'immaginario decise di scendere sulla terra. Ma non potendo scendere in quanto spirito, decise di rincarnarsi in un uccello dalle piume di mille colori. Planò giù, volando sopra i tetti del paese. Dove si sarebbe appollaiato? Quale sarebbe stata la sua casa? Non poteva certo bussare elle porte degli umani e farsi ospitare da loro.

A un certo punto vide un albero. Era un albero solitario, che si ergeva dal terreno come un fuso. Così decise di farne la sua dimora.

Non era mai stato in mezzo agli umani. Era abituato a guardarli dall'alto, spesso ridendo delle loro sciocchezze: ora finalmente aveva la possibilità di guardarli da vicino.

Proprio in quel momento vide un uomo. Camminava lentamente, proprio verso di lui. L'uomo appariva stanco, affaticato. Si fermò di fronte all'albero.

"Brutto uccellaccio!" esclamò non appena vide l'uccello. "Vattene subito via dal mio albero!"

Il signore dell'immaginario sbatté le palpebre. Quasi non credeva ai suoi orecchi. Come osava rivolgersi al suo signore in quel modo! Tuttavia decise di fargli credere di essere un uccello. Aprì le ali, e gracchiò qualcosa di incomprensibile.

"Mi hai sentito sì o no?" disse nuovamente il vecchio.

Questa volta l'uccello non rispose neppure. Ma continuò a rimanere lì, immobile.

Poco dopo, l'uomo tornò con un'ascia. Cominciò a colpire il tronco cercando di spaventare il misterioso uccello.

"Ma tu guarda che sciocco..." pensò tra sé il signore dell'immaginario.

Ciononostante non se ne andò. Restò ancora una volta lì, sbatté nuovamente le ali, si ricompose e a quel punto parlò.

"Sciocco di un umano" disse. "Come puoi pensare di essere l'unico padrone di questo albero, quando non sei neppure padrone di te stesso? Da questo momento in poi ti condanno a vagare per sempre per il mondo".

Così il signore dell'immaginario guardò il mondo che aveva creato, appollaiato sulla spalla di un vecchio. E fece di lui la sua nuova casa.

A New Home

One day the lord of the imagination decided to come down to earth. But since he couldn't descend because he was spirit he decided to reincarnate himself as a bird with feathers of a thousand colours. He glided down, flying above the rooftops of the town. Where was he to perch? What would his home be? He certainly couldn't just knock on the doors of human beings and ask them to put him up.

At a certain point he saw a tree. It was a solitary tree that sprang up from the earth like an arrow.

So he decided to make it his home.

He had never been amidst human beings. He was used to watching them from above, often laughing at their foolishness. Now, finally, he had the chance to see them from closer up. At that very moment he saw a man. The man was walking slowly, and precisely in his direction.

The man appeared weary and tired out. He stopped in front of the tree.

"You ugly fowl!" he exclaimed as soon as he saw the bird. "Get away from my tree immediately!"

The lord of the imagination blinked in surprise. He could hardly believe his ears. How did this man dare to speak to his lord in this manner! Nevertheless, he decided to make the man believe he was a bird. He spread his wings and chirped something incomprehensible.

"Did you hear me or not?" said the old man again.

This time the bird did not reply at all. It just stayed there, without moving. Shortly afterwards the man returned with an axe. He began to strike the trunk of the tree, trying to frighten the mysterious bird.

"What sort of fool is this...!" the lord of the imagination thought to himself.

But despite this he did not leave the tree. He simply remained there. He beat his wings again then settled himself and at that point he spoke.

"You foolish human being," he said. "How can you think you are the only master of this tree when you are not even master of yourself? From this moment on I condemn you to wander the world for ever."

And so, the lord of the imagination looked at the world that he had created, perched on the shoulder of an old man. And he turned that man into his new home.

La mondina e la rana

Si dice che quando le rane cominciano a cantare, le mondine smettono di lavorare. Ma quel giorno le rane proprio non ne volevano sapere di cantare. Così la mondina, la più anziana di tutte, andò a parlare con il capo delle rane.

"Come mai, disse, il sole è tramontato e voi ancora non cantate? Volete farci lavorare per tutta la notte?"

La rana la guardò con quei suoi occhietti vispi. E rispose: "Oggi abbiamo deciso di fare sciopero. Questa è la nostra terra, qui viviamo, ma siamo stufi di dividere la nostra casa con chi rischia di schiacciarci."

Da quel giorno le mondine, ogni volta che si muovevano, facevano attenzione a dove mettevano i piedi.

The *mondina* and the frog

The saying goes that when the frogs begin to sing the *mondine* stop working. But on that particular day, the frogs just didn't want to know about singing. So the oldest *mondina* of them all decided to go and have a word with the chief of the frogs.

"What's up?" she asked. "The sun has already gone down and you're still not singing? Do you want to make us work all night?"

The frog looked at her with his perky little eyes and replied, "Today we've decided to go on strike. This is our land, this is where we live, but we're fed up sharing our home with people who risk treading on us!"

From that day on, every time the *mondine* changed position they made sure to look where they were putting their feet.

La mondina e il figlio del padrone

Il figlio del padrone si avvicinò alla mondina. Era la più giovane di tutte. Ma ogni volta non riusciva a vederla, perché indossava sempre un cappello così grande che le faceva ombra sul viso. Un giorno prese coraggio e disse:

"Togliti il cappello, di modo che io ti possa guardare in faccia. Se il tuo viso ha anche solo la metà dell'eleganza e della bellezza del resto del tuo corpo, allora ti sposerò e tutto questo sarà tuo".

La mondina si tolse il cappello, svelando un volto bellissimo, da vera principessa. "Io sono già promessa a un uomo, al proprietario di questo campo".

Il figlio del padrone rise: "Questo campo non è che un francobollo in confronto alla terra che posso darti io".

"D'accordo" disse allora lei. "Quando avrai finito di contare i chicchi di questo campo, io ti sposerò".

Il figlio del padrone cominciò a contare. Ma quando smise, era ormai gobbo e vecchio e ormai la mondina era già diventata nonna.

The *mondina* and the boss's son

The boss's son approached the *mondina*. She was the youngest one of all, but he never had the chance to get a look at her because she wore a hat with such a wide brim that her face was always in shadow. One day he summoned all his courage and said to her:

"Take off your hat, so that I can look at you. If your face is even half as fine and beautiful as the rest of your body then I will marry you and all this will be yours."

The *mondina* took off her hat, revealing a face as beautiful as that of a princess.

"I am already promised to a man, to the owner of this field."

The boss's son laughed. "This field is a postage-stamp compared to all the land that I can give you."

"Alright", she replied. "When you have finished counting all the grains of rice in this field, then I will marry you."

The boss's son began counting. But by the time he finished he was stooped and old and the *mondina* was already a grandmother.

La mondina e l'uccello sull'albero

Vicino al campo delle mondine cresceva un albero, sopra il quale viveva un uccello. Un giorno una mondina vi si avvicinò, pensando che prima o poi volasse. L'uccello però non solo restò lì, appollaiato sul ramo, ma cominciò a parlare. "Perché sei qui?" domandò la mondina. "Controllo che voi lavoriate come si deve. Se vedo qualcuno che si alza, e smette di raccogliere, il padrone mi ha detto di fare tre fischi". Allora la mondina disse. "Ma non ti vergogni? Potresti usare la tua voce per cantare, anziché fare il poliziotto". "Cantare?" disse "Che cosa vuol dire cantare? Sono cresciuto in gabbia, e il padrone mi ha insegnato solo a fischiare". Così la mondina gli cantò una canzone, una di quelle che cantava mentre raccoglieva il riso. L'uccello provò e riprovò, finché alla fine al posto del fischio non gli uscì un canto melodioso.

Da allora, il padrone fu contento perché non sentì più l'uccello fischiare. E vedendo quanto bene lavorassero le sue mondine a quel canto, lo fu ancora di più.

The *mondina* and the bird in the tree

Growing close to the field of the *mondine* there was a tree, and in the tree lived a bird. One day a *mondina* approached the tree, thinking that sooner or later the bird would fly away. But not only did the bird remain where it was, perched on the branch, but it also began to talk.

"What are you doing here?" asked the *mondina*.

"I'm checking to see that you do your work properly. The boss told me that if I see someone who gets up and stops harvesting then I am to whistle three times."

Then the *mondina* said, "You should be ashamed of yourself! You could use your voice to sing instead of acting the policeman."

"Sing?" said the bird. "What is singing? I grew up in a cage and the boss only taught me to whistle."

And so the *mondina* sang him a song, one of those she sang as she harvested the rice. The bird tried and tried and, in the end, instead of a whistle what emerged from his beak was a melodious song.

From then on, the boss was happy because he never heard the bird whistle. And, seeing how well his *mondine* worked to the accompaniment of that song, he was even happier.

DALLE "TERRE D'ACQUA" NELLE
STAGIONI DEL RISO

FROM THE "WETLANDS" IN THE
TIMES OF RICE

ERNANI ORCORTE

FOTOGRAFIE / PHOTOS

IL RISO

RICETTE DELLA TRADIZIONE
E DI ALCUNI CHEF

Le ricette della tradizione risicola vercellese e novarese, comunque delle cosiddette "terre d'acqua", sono davvero molte e affondano la loro origine in tempi lontani. Qualcuna ha resistito nella sua forma originale, altre sono state "alleggerite" (ad esempio dove il burro per soffriggere il riso è stato sostituito con l'olio o ancora là dove si propone di tostare il riso a secco). La selezione di nuove varietà di riso che hanno affiancato le più conosciute e tradizionali, poi, così come i diversi tempi di cottura richiesti dalle diverse varietà e ancora la qualità e la quantità dei condimenti abbinati al riso, che ugualmente richiedono cura dei tempi di cottura, invitano chiunque si approcci alla cucina del risotto o di ricette a base di riso a curarne la preparazione con molta attenzione.

Non ne sarete pentiti. Il risotto, o i piatti di riso in genere, regalano sapori e profumi davvero affascinanti e rimandano con la memoria al paesaggio del riso immutato da secoli tuttavia sempre diverso col mutare delle stagioni.

Paoletta Picco

Le ricette sono tratte da *Risotti e ancora Risotti* e *Riso dolce riso*, volumi editi dall'associazione Donne & Riso; e da *Riso giusto, piatto giusto*; *Riso gusto divino*; *Salute al riso*, opuscoli editi dall'Amministrazione provinciale di Vercelli.

RISOTTO AL GATTINARA

Ingredienti per 4 persone

• 320 g di riso Baldo
• 1 cipolla tritata
• 60 g di burro (o 30 g di burro e 30 di midollo di bue)
• 2 bicchieri di Gattinara DOCG
• 1/2 litro di brodo di carne
• Grana padano grattugiato q.b.
• sale q.b.
• pepe q.b.

ESECUZIONE

In una casseruola rosolare in circa metà del burro la cipolla tritata. Appena quest'ultima sarà parzialmente appassita, aggiungere il riso e farlo tostare. Versarvi il Gattinara e lasciarlo evaporare dopo aver mescolato il riso. Aggiungere poi a quest'ultimo, poco alla volta, il brodo sino a che la cottura del riso non sarà ultimata. A riso quasi cotto (dopo circa 16-18 minuti), spegnere il fuoco, aggiungere il rimanente burro, il grana grattugiato. Amalgamare il tutto con un cucchiaio di legno e aggiustare di sale e pepe. Servire il risotto ben caldo.

Una variante prevede che al riso venga aggiunta, durante la cottura, un poco di passata di pomodoro.

RISOTTO AL BRAMATERRA

Ingredienti per 4 persone

• 320 g di riso Nuovo Maratelli
• 250 g di fagioli di Saluggia lessati
• 150 g di lardo tritato
• 60 g di burro
• 1 cipolla
• 2 bicchieri di Bramaterra
• 1 litro di brodo di carne
• 60 g di grana padano grattugiato

ESECUZIONE

Soffriggere il lardo con la cipolla tritata. A cipolla imbiondita, aggiungere il riso tostandolo per uno o due minuti. Unitevi il Bramaterra e lasciatelo evaporare.

Successivamente bagnare il riso, poco alla volta, con il brodo aggiungendo via via anche i fagioli. Quando il riso sarà "al dente", levarlo dal fuoco e mantecarlo con il burro e il grana padano.

RISOTTO E LUMACHE ALL'ERBALUCE BIANCO

Ingredienti per 4 persone

- 320 g di riso Roma
- 250 g di lumache ben pulite
- 250 g di burro
- 2 spicchi di aglio
- 2 cipolle
- 2 bicchieri di Erbaluce bianco
- 1 litro di brodo
- basilico q.b.
- prezzemolo q.b.
- noce moscata q.b.
- sale q.b.
- pepe q.b.

ESECUZIONE

Preparare il sugo di lumache facendole cuocere (debitamente tagliate) per venti minuti in un soffritto di 200 g di burro cui si aggiungerà il trito di una cipolla, l'aglio pestato, il basilico, il prezzemolo, la noce moscata e sale e pepe a piacere.

A parte far rosolare il riso nel restante burro aggiungendovi il trito fine della seconda cipolla. A riso tostato, sfumarlo con l'Erbaluce bianco. Evaporato il vino, proseguire nella cottura del risotto aggiungendovi via via il brodo.

A riso quasi cotto, unirvi il sugo di lumache. Far cuocere ancora qualche minuto. Mantecare con il burro aggiungendo ancora un poco di prezzemolo prima di servire.

PANISSA VERCELLESE

Ingredienti per 4 persone

- 350 g di fagioli di Saluggia (messi a bagno dieci ore prima della preparazione del piatto)
- 350 g di riso Carnaroli
- 70 g di burro
- 1 litro di brodo di carne
- 1/2 cipolla tritata
- 50 g di salame sotto grasso sbriciolato
- 1 bicchiere di Barbera
- olio extravergine di oliva
- sale q.b.
- pepe q.b.

ESECUZIONE

Mettere i fagioli a bagno per una notte (oppure al mattino se si vuole cucinare la panissa per cena); sciacquare i fagioli sotto acqua corrente e scolarli; in una pentola capiente scaldare ½ litro di brodo di carne e immergervi i fagioli; coprire con il coperchio e cuocere a fuoco lento per circa 30 minuti o comunque fino a che i fagioli non si rompano, senza però disfarsi del tutto; in una padella a parte far sciogliere il burro, aggiungere il salame sbriciolato e la cipolla tritata e soffriggere tutto per 5 minuti; aggiungere il riso e il bicchiere di vino e cuocere per 20 minuti mescolando spesso e versando un po' di brodo poco alla volta, via via che il risotto si asciuga; quando mancano 5 minuti alla fine della cottura aggiungere i fagioli e servire subito in tavola.

Note.
La versione piemontese della "panissa" che in provincia di Novara è chiamata "paniscia", è una ricetta che affonda le sue radici nel passato contadino del territorio vercellese,

per poi diffondersi anche nelle vicine campagne novaresi, nella Lomellina (provincia di Pavia) e persino in Val Curone. L'origine del nome è ancora sconosciuta, ma un'ipotesi suggerisce che derivi dal termine "panìgo", ossia un tipo di miglio con cui si preparava il piatto prima che il riso diventasse la coltura predominante di queste campagne. Secondo un detto popolare, il riso "nasce nell'acqua" (le cosiddette risaie che quando vengono allagate in primavera creano il paesaggio tipico di questo territorio) e "muore nel vino" (ossia nel Barbera che si consiglia debba accompagnare appunto la panissa).

Col termine "panissa" taluni indicano anche il piatto ligure che si prepara con farina di ceci.

PANISCIA NOVARESE

Ingredienti per 4 persone

- 320 g di riso di Baraggia Vercellese Dop
- 150 g fagioli borlotti lessati
- 130 g carota
- 80 g cotenna di maiale lessata
- 80 g salam d'la duja
- 70 g sedano
- 70 g verza
- 50 g lardo
- vino Barbera
- pomodori maturi q.b.
- burro
- cipolla
- grana Padano grattugiato
- brodo
- sale
- pepe

ESECUZIONE

Tagliare a pezzetti sedano, carota, verza, 3-4 pomodori e riunire in una casseruola con la cotenna, tagliata a pezzetti, i fagioli borlotti e 1,5 litri di brodo. Quindi coprire e cuocere per circa 45'. Tritare il lardo e la cipolla, soffriggendoli in poco burro, servendosi di una casseruola media che andrà su fuoco medio. In ultimo aggiungere al trito il salame d'la duja sminuzzato per tostarvi poi il riso per 1 o 2 minuti. Bagnare il riso con un bicchiere di Barbera (del Monferrato); evaporato il vino, aggiungere le verdure, la cotenna, i fagioli e metà del loro brodo. Portare a cottura il riso (circa 16-18'), unendo via via il brodo rimasto, in modo da mantenere la paniscia piuttosto lenta. Aggiustare infine di sale e pepe ed insaporire con grana a piacere. La paniscia va servita caldissima.

RISOTTO AL GORGONZOLA E FONTINA

Ingredienti per 4 persone

• 320 g di riso Roma
• 130 g di fontina
• 130 g carota
• 80 g di gorgonzola dolce
• 2 cucchiai di olio Evo
• 2 cucchiai di panna
• 1 l di brodo vegetale

ESECUZIONE

Mettere l'olio in un tegame. Versarvi il riso che sarà fatto tostare. Aggiungervi il brodo poco alla volta sino a quando il riso non sarà quasi cotto.
Nel frattempo tagliare la fontina e il gorgonzola a tocchetti. Aggiungere questi ultimi al riso amalgamando e mescolando il tutto sino a cottura ultimata.
Quando fontina e gorgonzola saranno interamente sciolti, portare in tavola il risotto. Se quest'ultimo sembrerà troppo denso, aggiungere, prima di servire, due cucchiai di panna.

RISOTTO SMERALDO

Ingredienti per 4 persone

• 320 g di riso Baldo
• 8 zucchini verde scuro piccoli (pari a g 100 di scorza)
• 30 g di burro
• 200 g di panna fresca
• 100-130 g di parmigiano grattuggiato
• 1 l di brodo vegetale

ESECUZIONE

Lavare bene gli zucchini. Asportarne la parte esterna (scorza) con un coltello affilato per conservarla a parte. Gettare l'interno. In un frullatore frullate la scorza cui unirete la panna. Intanto scioglierete il burro in un pentolino e vi aggiungerete il composto frullato. Portate il tutto ad ebollizione aggiungendovi ancora un poco di burro e il parmigiano grattugiato. Lasciare in caldo e nel frattempo preparare il risotto. Quando quest'ultimo sarà quasi pronto, unirvi metà del composto. L'altra metà andrà versata con l'aggiunta di un poco di parmigiano sul risotto quando sarà già sul piatto di portata.

RISOTTO CON LE PUNTE TENERE DI ORTICA

Ingredienti per 4 persone

• 320 g di riso Carnaroli
• 5 manciate di foglie di ortica
• mezza cipolla
• 100 g di parmigiano grattuggiato
• 20 g di burro
• 1 l di brodo vegetale

ESECUZIONE

In un tegame rosolate nell'olio la cipolla trita.

Lavare e tritate finemente le ortiche. Unitele alla cipolla e fatele cuocere per qualche minuto.

Unitevi quindi il riso che andrà tostato e poi gradatamente il brodo vegetale.

Ultimata la cottura, levate dal fuoco. Aggiungete il parmigiano, mescolate bene e portate in tavola.

FRITTONE DI RISO

Ingredienti per 4 persone

• 300 g di riso Sant'Andrea
• 3 uova intere
• 3 cucchiai di olio da frittura
• 100 g di parmigiano grattuggiato
• 100 g speck tagliato a listarelle
• sale q.b.
• pepe q.b.

ESECUZIONE

Fare bollire il riso sino a renderlo morbido. Colarlo e lasciarlo raffreddare.

In una ciotola sbattere le uova intere cui si aggiungeranno il parmigiano, lo speck, il sale e il pepe. Unite al composto il riso.

Dopo aver amalgamato con un cucchiaio tutti gli ingredienti, versare il composto nell'olio fatto scaldare precedentemente in una padella, dandogli, con un cucchiaio di legno, forma di torta rotonda.

Fate cuocere a fuoco vivace, per poi, capovolgere il tutto e far dorare l'altro lato.

Servire ben caldo.

TORTA DI RISO ALLA VERCELLESE

Ingredienti per 6/8 persone

- 300 g di latte
- 200 g di acqua
- 200 g di riso Originario
- 20 g di burro
- 50 g di uvetta ammollata precedentemente nell'acqua
- 10 nocciole precedentemente sbriciolati
- 10 g di cioccolato tagliato a pezzetti
- 2 uova
- 3 cucchiai di rum
- 1 bustina di vanillina
- 1 cucchiaino di lievito per dolci
- scorza di limone
- un pizzico di sale

ESECUZIONE

Cuocere a fuoco moderato il riso nel latte aggiungendovi la scorza di limone. Levare dal fuoco il riso quando il latte sarà asciugato estraendo anche la scorza di limone. Aggiungere invece lo zucchero, la vanillina, il rum, l'uvetta, gli amaretti, le nocciole, i tuorli delle uova, il burro sciolto e intiepidito e il cioccolato.

Setacciare il lievito nell'impasto e aggiungervi i due albumi montati a neve con un pizzico di sale. Dopo aver amalgamato l'impasto con un cucchiaio di legno, stenderlo su un foglio di carta da forno (precedentemente bagnato e strizzato) per poi adagiarlo in una tortiera del diametro di 22 cm. Cuocere a forno non ventilato (180°) per 40 minuti.

GELATO DI RISO

Ingredienti per 4 persone

- 75 g di riso Originario
- 400 dl di latte
- 150 g di zucchero
- 250 g di panna
- 1 bicchierino di liquore all'arancia
- 1 scorza di limone
- scaglie di cioccolato fondente
- 1 stecca di vaniglia
- 1 pizzico di sale

ESECUZIONE

Portare a ebollizione il latte cui si aggiungeranno la scorza di limone e la stecca di vaniglia. Versarvi il riso e aggiungere un pizzico di sale.

Far cuocere a fuoco lento il riso per 35 minuti aggiungendovi lo zucchero e il liquore. A cottura ultimata lasciar raffreddare.

Estrarre la scorza di limone e la stecca di vaniglia, per aggiungere invece la panna che sarà stata precedentemente montata. Mescolare il composto che andrà versato nella macchina per gelato unendo, a piacere, qualche scaglia di cioccolato fondente.

RISOTTO AL PETTO D'OCA AGRUMATO

di Walter Eynard
(Locanda La Posta di Cavour)

Risotto per 6 persone

- 300 g di riso Carnaroli
- brodo di vitello
- burro - parmigiano
- vino bianco
- 600 g di polpa d'oca
- sedano - carota - cipolla
- maggiorana - timo - rosmarino - salvia - limoncella
- buccia di arancio e limone grattugiate
- olio extravergine
- noce moscata - cannella - pepe - ginepro
- pane raffermo a cubetti
- cappelle di funghi porcini

PREPARAZIONE

Rosolare l'oca tagliata a pezzettini piccoli.
Aggiungere il soffritto di sedano, carote e cipolle.
Sfumare col vino bianco e continuare la cottura con il brodo.
Tostare il pane, tenere la salsa abbastanza liquida.
A fine cottura aggiungere gli agrumi, il trito di erbe e, per ultimo, il pane tostato.
Tostare il riso con poco olio, aggiungere la cipolla e bagnare col vino bianco.
Continuare con il brodo e, alla fine mantecare con burro e parmigiano.
Impiattare ponendo il risotto al centro del piatto lasciando un incavo in cui porre l'oca.
Finire con lamelle di teste di porcini crudi.

RISOTTO DI RANE

di Arneo Nizzoli
(Dosolo, Mantova)

PREPARAZIONE

Mettere le rane a cuocere in acqua leggermente salata, a parte fare un trito di cipolla e un poco di aglio, fare rosolare il tutto e aggiungere del vino bianco.

Aggiungere quindi un cucchiaio di concentrato di pomodoro e lasciare passare.

Quando le rane saranno cotte spolparle avendo l'avvertenza di tenere a parte l'acqua di cottura, mettere le rane nel soffritto preparato e aggiungere l'acqua di cottura fino a completamento della preparazione.

Aggiungere sale e pepe e usare sia per il risotto sia per le tagliatelle, per queste aggiungere un po' di panna per ammorbidirle.

Per il risotto a fine cottura panna e grana abbondante prima di servirlo.

IL RISOTTO ALLA GIUSEPPE VERDI

di Massimo Spigaroli
(Polesine Parmense, Parma)

Lo chef francese Henry-Paul Pellaprat (1869-1952) lo dedicò al grande Maestro – e senatore – parmense, quasi suo contemporaneo, che oltre ad essere uno dei più grandi musicisti, compositori e direttori d'orchestra del mondo, apprezzava anche molto – da buon romagnolo – la buona cucina. In omaggio ai suoi natali, nella ricetta troviamo infatti come ingredienti base il Prosciutto di Parma ed il Parmigiano reggiano. Henry-Paul Pellaprat fu uno chef e scrittore di numerose guide gastronomiche. Quasi un cuoco-prodigio, dopo essere stato allievo di grandi nomi della cucina Belle Epoque come Père Lépey e Auguste Escoffier, nel 1895 – a circa trent'anni – fonda ed insegna nella scuola del Cordon Bleu, l'istituzione gastronomica francese più rinomata al mondo. Dopo aver lavorato nelle migliori cucine e aver insegnato per trent'anni cucina e pasticceria, si è dedicato alla scrittura di numerosi e autorevoli trattati di gastronomia, ancora oggi riconosciuti come capisaldi per cuochi di ogni livello. Egli è tuttora considerato il padre della cucina francese moderna.

Risotto per 4 persone

• 320 g di riso Carnaroli
• 60 g di burro
• 80 g di funghi coltivati
• 80 g di punte di asparagi
• 80 g di Prosciutto di Parma
• 80 g di pomodori pelati
• 5 cl di panna da cucina
• un litro di brodo di carne
• 80 g di Parmigiano Reggiano grattugiato
• ½ cipolla affettata sottilmente

PREPARAZIONE

25 minuti per la preparazione + 16 minuti per la cottura
Pulire e tritare la cipolla. Pulire i funghi tagliando via la punta del gambo con le radici e lavandoli se necessario con un panno umido, tagliateli a lamelle.

Lavate gli asparagi, tagliate via i gambi e fate cuocere le punte in acqua bollente per 5 minuti.
Tagliare il prosciutto a listarelle e i pomodori pelati a cubetti. Su un fuoco di media intensità ponete una padella larga con metà del burro e, appena questo si sarà sciolto, la cipolla tritata finemente. Appena si sarà imbiondita leggermente, aggiungere il riso e fare tostare a fuoco vivace per un minuto fino a quando non diventerà trasparente, continuando a mescolare.
Aggiungere quindi i funghi, il prosciutto, gli asparagi, ed i pomodori a cubetti. Versare il brodo uno o due mestoli alla volta, aspettando che questo si assorba, mentre continuate a mescolare, prima di aggiungere altro brodo e, dopo circa 8 minuti aggiungere la panna.
Completare la cottura per altri 8 minuti, togliere dal fuoco e amalgamare con il burro rimasto ed il parmigiano, mescolando per bene fino a fargli assumere una consistenza cremosa. Servire immediatamente.

RISOTTO "PASSI D'ORO"

di Massimiliano Alajmo (Padova)

Dedicato all'opera di Roberto Barni, *Passi d'oro*.
La scelta della meravigliosa opera di Roberto Barni, *Passi d'oro*, esposta all'esterno della Galleria degli Uffizi di Firenze è stata del tutto istintiva. Non la conoscevo affatto, ma mi ha trasferito al primo sguardo una forza e una bellezza avvolgente. Abbiamo cercato di rappresentare l'opera attraverso una delle preparazioni classiche di Le Calandre, il risotto allo zafferano con polvere di liquirizia, due ingredienti in contrapposizione, luce e tenebre, che evidenziano in qualche modo la ricerca profonda della bellezza che si nasconde all'interno di ogni ingrediente. In questa versione viene aggiunta una goccia di un limone fermentato, una sorta di macerazione gustativa, che poi però sfocia in un agrume estremamente verde e profumatissimo che porta un messaggio di speranza. In pochi cucchiai o forchettate si può in un certo senso vedere quella Nike che sprofonda e ricerca bellezza sempre e comunque.

Risotto per 4 persone

Per lo zafferano liquido
• 50 g di acqua
• 2 g di polvere di zafferano
Sciogliere lo zafferano nell'acqua bollente e scaldare appena.

Per il limone nero
• 5 g di acqua
• 1 g di polvere di limone nero
• 1 pizzico di polvere di liquirizia scura
Idratare le polveri con l'acqua bollente.

Per il risotto
• 1,2 l di brodo di gallina
• 320 g di riso Carnaroli
• 80 g di parmigiano grattugiato
• 70 g di vino bianco secco
• 60 g di burro
• 30 g di zafferano liquido
• 12 g di olio extravergine di oliva
• 5 g di succo di limone

• 2 g di polvere di liquirizia scura
• 1 g di pistilli di zafferano
• un pizzico di sale
• una traccia di pasta di peperoncino Habanero Fatali
• una grattugiata di combava (*Kaffir lime*)

PREPARAZIONE
Tostare il riso nell'olio, sfumare con il vino bianco, aggiungere il sale e i pistilli di zafferano, unire gradualmente il brodo di gallina bollente e 30 gr. di zafferano liquido. Portare a cottura, togliere dal fuoco e mantecare con il burro, il parmigiano, la pasta di peperoncino e il succo di limone. Emulsionare con un goccino di brodo bollente e allargare il risotto su un piatto piano caldo. Cospargere con polvere di liquirizia, poi disporre 3 gocce di zafferano liquido e 3 gocce di limone nero. Rifinire con una grattugiata di combava.

Finito di stampare presso
POLISTAMPA FIRENZE srl
settembre 2021